欧州旅日記

田辺誠一

はじめに　～旅について～

旅が好きです。

生まれて初めて海外に行ったのは19歳の時でした。当時、僕は雑誌のモデルの仕事をしていて、ファッションページの撮影でスペインに行きました。

初めての海外。

瞬きするのももったいないと思えるくらい、いつもより多めに空気を吸い込みたくなるくらい、ワクワクした気持ちで海外を満喫しました。

見るもの全てが新鮮で、自分の中の価値観が大きく変わりました。

まずは、移動中に乗った乗用車の助手席側のサイドミラーが無いことに驚きました。それを現地の人に聞くと「サイドミラーはこっちではオプションだよ。運転席側は振り向きにくいから必要だけど、助手席側は振り向いて直接見たほうが安全だからね～。でもまあつけない一番の理由は、その分だけ車が安くなるからだけどね～（笑）」とのことでした。えーーー、サイドミラーは左右にあるのが当たり前だと思っていました……。

さらに、車を縦列駐車する時に、自分の車のバンパーで停まっている前後の車を押して駐車スペースを作り、そこに駐車する、という光景も目にしました。

現地の人に聞くと「ああ、バンパーはぶつけるためにあるからね」とのこと。これにも驚きました。日本の価値観ではバンパーもデザインの一部というか、そこにも傷が付かないように気をつけているのに（中古車を買ったばかりの僕もそうでした）。

でも、お互いがそういうやり方を認めているから、それはＯＫらしいのです。

もちろん凹まない程度のタッチで押していますが……ううん、これには考えさせられました。確かに、バンパーは車を守るためのバンパーだもんなあ、車本体とは別の役割というか、そう言われればそうだよなあ、と。

何が正解という訳でもなく、国や地域によって、色んな習慣や常識があるんだなあと思い、自分の中に新しい価値観がふわっと入ってきました。まだ本格的に社会に出る前の価値観が定まっていない年齢、だから自然に新しい風が自分の中に入ってきたのかもしれません。２週間後には20歳になりますが、人生の新しいページが開いた気がしました。自分が知らないことがこの世の中にはいっぱいある。何だか楽しくなってきました。世界は広い！　もっともっと見てみたい。

そして、その旅の中で僕が一番驚いたのは、移動遊園地の存在です。

バルセロナの街の広場に小さな遊園地がありました。地元の人に聞くと、春になるとやって来る移動遊園地だそうです。

「えっ、遊園地が移動する？」

遊園地というのはずっとそこにあるものだと思っていました。メリーゴーランドだけでなく、大きな観覧車やジェットコースターまであります。立派な遊園地です。

それは、僕にとって何だか不思議な光景でした。

目の前の移動遊園地、遊んでいる多くの人々、幸せそうで楽しそうな人々。

でもいつの日か、その遊園地は無くなってしまうという前提がそこにある。ここはただの広場になる。それを分かった上で楽しむ。楽しいけどちょっと切ない。不思議な感覚でした。そしてしばらく眺めていると、

「そうか、これは人生に似ているんだ」と思いました。

移動遊園地は、みんなが楽しみにしていて、ある日、やって来る。みんなが楽しく遊ぶ、そしてある日、去って行く。

僕たち人間も、待ち望んでくれる人たちがいて、ある日、生まれる。人生の時間を過ごし、そしてある日、この世を去る。

移動遊園地って人生みたいだなあと思った。うん、人生は移動遊園地。そこに共通する意味は

「在る間は楽しむ」

ということなのかもしれない。もちろん人生には濃淡色んなことがあるけど、大きな意味で楽しむ、それが人生の目的なのかもしれない。季節が過ぎたら無くなってしまう移動遊園地、かけがえのない時間。そこで幸せそうに遊ぶ人々を見ていてそう思いました。

そんな気分で遊園地を見ていると、今度はあることに気付きました。

「あ、一人乗りの乗り物が無い」

観覧車もジェットコースターもメリーゴーランドも。

「きっと人生の最小単位は一人じゃなくて、誰かと一緒に楽しむものなのかもしれない」

旅先で見る素晴らしい景色、一人で見るのはもったいないなあと思います。誰かに見せたい、大切な人と感動を共有したい。でもそれを後日、誰かに話して一緒に行っても同じ感動はきっと味わえない。話を聞いた誰かは「素晴らしいものを見に行く！」という期待が膨らんでいるし、自分も過去の何かをなぞる作業になってい

るので、たぶん初めての時の感動は味わえない。友達とお喋りしている時に「この話を聞いた時、大爆笑だったんだけど」という前振り付きで話を聞くのと似ています。そこには（ああ、笑わなきゃいけないのか、笑えなかったらどうしよう……）と思う自分もいたりして、ちょっと温度差があるという場面を経験したことがある人も多いのではないでしょうか。

だから、なるべくなら最初から誰かと行った方が感動を共有できるので良いと思います。よく聞く例え話では、喜びは誰かと共有すると二倍になって、悲しみは半分になると言いますが、倍や半分じゃないにしても、やっぱり誰かと共有するのは人生の上の喜びだなあと思います。

でも今の時代はＳＮＳなどもあるので、一緒に行けなくてもその感動をある程度共有することができます。遠くの人や知らない人ともその喜びや感動を共有できたりします。そして、ネット情報やＳＮＳ、ＬＣＣの発達で色んな所に行きやすくなっています。そこには新しい世界が待っています。日常とは切り離された時間だからこそ、新しい自分、本来の自分が見えてくるのかもしれません。

今回、新たな旅に出ました。
２０１７年冬、世界一と言われるレストランを巡る旅。
生まれて初めての「食」を目的とした旅です。そこにはどんな世界が待っているのか。
さあみなさん、一緒に旅に出ましょう！

初めて海外に行った時の写真（バルセロナ・19歳、１９８９年３月）
後ろの車の助手席側（左ハンドルです）のサイドミラーが無いことが分かります！
これ以降、この29年間で海外に向けて日本を出発した回数は約60、行った国は約30ヶ国になりました。

第 一 章

欧州旅日記

旅のはじまり 編

数年前からずっと行きたいと思っている憧れのレストランがあります。それはデンマークの首都コペンハーゲンにあるレストラン「ｎｏｍａ（以後、ノーマ）」と、スペインのバルセロナ近郊の街・ジローナにある「El Celler de Can Roca（以後、カン・ロカ）」です。２０１０年より世界のベストレストラン50で交互に１位を獲っている2店。両店とも、まさに「世界一」と呼べるレストラン。

しかし予約は至難の業。「カン・ロカ」は11ヶ月先まで予約がいっぱい。「ノーマ」も3ヶ月前から予約を受け付けているけど、やはり瞬間的に席は埋まってしまう。２０１５年に「ノーマ」の全スタッフが日本に来て「ノーマ東京」を5週間オープンしたのですが、期間中の３６００席は1日で予約が埋まり、ウェイティングリストに6万人が登録したとか。「ノーマ」の躍進の様子はドキュメント映画にもなっているので世界的な注目度も高い。

そして「カン・ロカ」。スペインの伝説のレストラン「El Bulli（エル・ブジ）」にもずっと行きたかったのですが、こちらは年に数ヶ月しか営業しておらず、予約は至難の業、そして２０１１年にさらっと閉店。その閉店と入れ替わるように世界のトップに躍り出て、ずっと第一線を走り続けている「カン・ロカ」。

２０１７年の１月下旬、「いつか行ってみたいなあ」と思いながら「カン・ロカ」のホームページを見ていたところ、２月に５人席の空きがある日を発見！　そうか、さすがに11ヶ月前に予約をしているので直前になると「やはり行けない」という人が出てくるのだ。ネットで色々と調べてみると、ウェイティング（キャンセル待ち）をかけていると数日前に予約が取れたと連絡が来て急いで航空券をとった、みたいな体験談が書いてある。ヨーロッパ内の人ならば、どこからでも片道数千円でＬＣＣ（低価格の小さな航空会社）で行けるので、直前に予約が回ってきてもスケジュールを調整して、特にランチなら日帰りで行ける人も多いのだろう。

しかしこちらは日本、そう簡単に行くことはできない。それに10日後だぞ。でもまあ、その時期は僕も妻も仕事のスケジュールは入っておらず、さらにロンドンで少し用事もあったので、ダメ元で２名でホームページからウェイティングを入れてみました。５人テーブルの空きしか出ていなかったので、人数的にも違うし、現実的に考えると難しいのですが、軽い気持ちで名前とメールアドレスを登録しました。

すると、なんと二日後に

「予約がとれました。カン・ロカ」

との返信が！

えーーーーー！

本当にとれたのーーーー！

それもこんなに早く！

震える指ですぐに「い、行きます！」とメールを返信。

やったー、うおー、テンションが上がるーーー。

自分がこんなに興奮するなんて。

落ち着け、自分！

早速、旅のスケジュールを立てねば。

航空会社のマイルがたまっているので、特典航空券の空きを確認。よし、空いている（レストランに行くためにヨーロッパまでの航空券を買うというのはさすがにコストの面で現実的ではないので、今回はマイルを使った無料航空券を利用するのが前提でした！）。

で、そうするともう一店、ヨーロッパで行きたいレストランがあるよなあ、と欲が出てきました。この奇跡ついでに、ダメ元で、うん、チャレンジだ。


ずっと行きたかった憧れのレストラン「ノーマ」。しかし、数々の伝説を生み出したコペンハーゲンの店舗は２０１７年２月で閉店。その後、２０１８年にコペンハーゲンの別の場所に新店舗をオープン予定。今は１月下旬なので、この場所でのラスト１ヶ月の営業。いつも以上に予約が殺到しているので、まあ、難しいですよね。でもダメ元でウェイティングの希望を３日分出してみることにしました。

予約がとれた「カン・ロカ」に行くために、３日後には飛行機のチケットをとらなければならない。「ノーマ」からの返事を待っている間も旅の計画を進めないといけないので、「ノーマ」に行けるのと行けないパターン、予約がとれたとしてもウェイティングの希望を出した期間のどの日になるか分からないので、数十パターンの行動計画を立てる。同時に、航空券の席が売り切れてしまっていないか何時間かおきにチェック。案の定、計画の一つの飛行機が満席になっていたりして、色んなパターンを流動的にシミュレーションしながら待ちました。ダメならダメで返事が来ればすっきりと予定を決められるのですが、わずかながらでも希望を持ってしまう、「カン・ロカ」だけでも充分なのに。欲張ってはいけない、でも、でも行きたい……。

返事を待つ間にもネットで「ノーマ」のことを調べたり。そこには「人生を変えるレストラン」などの感想も。うーん、どんどん気分が高まってしまう。

しかし、とあるネット記事を見ると1つのテーブルに年間5万人の予約が入ると書いてあった。ん？ 週5日の営業で1年で50週、年間250日の営業だとして、昼と夜で1つのテーブルには年間500のゲストが座るということか。そこに5万人だから、1つのテーブルに座れる確率は100分の1？ 日によってキャンセルやウェイティングの多さ少なさはあるとしても、うーん。

やはり2日経っても3日経っても返事は来ない。まあ、そうですよね。現実を見つめないといけないですよね。はい。

そう諦めかけていたら、特典航空券を予約しなければならないタイムリミットの数時間前にスマホにメールの着信音が、

「テーブルの用意ができました。ノーマ」

うぎょーーーっ！！！

ほ、本当ですかぁぁぁぁぁぁぁ

ありがとうございますうううううううううう！

それも旅のスケジュールを組み立てるにあたり、この日で予約が取れたら一番良いな～と思っていた日、うごおおお、感謝感謝です。急いでヨーロッパまでの往復航空券をとり、「sky scanner」（この十年くらいは欧州のＬＣＣはこのページで調べて買っています）で欧州内での移動のＬＣＣを予約、ホテルやスペインの新幹線も一気にネット

から予約。

憧れのお店に一店行けるだけでも夢のようですが、二店もいけるなんて。日本から行くので、一店行ってまた次の機会に一店、というのは予算的にも時間的にも厳しい。今回は3日の間に二店に行けるので本当にありがたい！

世界一のレストランのランチ。どんな世界が待っているのだろうか。

どちらのお店も、ランチとディナーは同じメニューで3時間くらいのコース料理。スペインではディナーが21時からという店も多く、旅行者としては一日の疲れも出る時間なので、明るくて気持ちの良い昼間にランチをゆっくり楽しみたい。


人生を変えると言われているレストラン、そこにはどんなクリエイティブがあるのか、世界を相手に戦い、自然や食材と向き合い、技を磨き上げている人たち、その空間はどういうものなのか、その空気を実際に感じてみたい。


1月下旬、ロンドン行きのボーイング777に搭乗。

ヨーロッパは、特に北欧のデンマークは寒いんだろうなあ。

飛行機はいくつもの目に見えない国境を飛び越えながら、ヨーロッパへ向かいます。

ロンドン編

ロンドンに到着。ヒースロー空港で12時間ぶりに外の空気に触れる。1月下旬、夕方前で気温は6度、うん、まあまあ寒い。

しかし飛行時間12時間、いつもながら長い……。もう少し短く、せめて10時間くらいにならないのだろうか。飛行機の航続距離が伸びたので、昔のようにアンカレッジで給油、みたいなのが無くなったのでまだ良い方か。

以前考えたのは、ロケットみたいに垂直に大気圏外まで行って、そこで地球が回るのを浮いた状態で待っていて、ヨーロッパは日本との時差がだいたい8時間だから、距離もだいたい地球一周の3分の1くらいだから、8時間くらい大気圏外で浮いていて（24時間÷3＝8時間）、そろそろ真下にヨーロッパが来るなあという頃に降りれば「燃料もあまり使わずに、8時間で着くんじゃないか!?」と夢想してみたんですが、そもそもそういう理論じゃないかもしれないですね……。

でもたまに話を聞く宇宙エレベーターはそういった計画なのかなあ。

目的地の方が
近づいてくるカンジ

今回はミニマムな日程なのでロンドンでの用事を済ませてすぐにコペンハーゲンへ行く予定。ロンドンは25年前に初めて来て、それから10回以上来ています。昔は食べ物が美味しくないことで有名でしたが、今はそんなこともなく、美味しいお店が本当に多いです。今回は行けなかったのですが、ロンドンのガストロノミー系では「CLOVE CLUB」や「THE Ledburry」もいつか行ってみたいレストラン。

（ガストロノミー＝地域の文化や風土を最大限に取り入れ、料理と芸術を結んだ創作料理の潮流。「ノーマ」や「カン・ロカ」もガストロノミー系のレストランです）

ホテルはいつもピカデリーかオックスフォードサーカス地区にしていて、その辺りだとにぎやかなＳＯＨＯ地区にも歩いて行けて、デパート「ハロッズ」もあり飲食店も多いので便利。

よく行くのがタイレストラン「Patara」、「abeno」というお好み焼き屋さん、フレンチビストロの「Terroirs」などなど。朝ご飯はヘルシー料理の「NOPI」やモダンにアレンジしたイギリス風料理の「Sketch」、パン屋「PAUL」のクロックマダムなどが美味しいです（「PAUL」はフランス系のお店ですが）。

都会では気軽に入ってさくっと食べられるところが好きです。ネットの情報誌

「TIME OUT LONDON」や海外版の食べログの「Yelp」などでどこが美味しいのか調べまくります。

霧のロンドンと言われるくらい曇りや雨が多いですが、そのしっとりとした空気感と街の雰囲気が好きです。歴史ある街並み。楽しみも多く、老舗デパートの「リバティ」でリバティ柄のグッズを買ったり、王室御用達のデパート「ハロッズ」を見たり、ロンドン時計塔「ビッグベン」や新たな観光名所の「ロンドンアイ」(テムズ川沿いの近未来的なデザインの観覧車)、大英博物館、現代アートの美術館である「テートモダン」を巡ったり、ビートルズのアルバム「アビイ・ロード」のジャケット写真の横断歩道に感動したり、小説上のシャーロック・ホームズの住所であるベイカーストリート２２１Bにある「シャーロック・ホームズ博物館」に行ったり。「バッキンガム宮殿」の衛兵交代、テディベアやハリー・ポッターの世界、あげるときりが無いくらいにイギリスの文化に子どもの頃から親しんでいるなあと思います。きちん背筋を伸ばしている感じの文化が心地よいです。

ロンドン市内、夕方になると街角のパブに人が溢れます。もうびっくりするくらい大勢の人がパブの外でビール片手に立ったままお喋りをしています。仕事帰りの一杯、本当にみんな楽しそう。あっちこっち仲間を見つけては移動しながらワイワイ・ガヤガヤ。人生を楽しんでいる熱気が溢れていて、何百年も前からこういう生活風景だったんだろうなあと思います。

ヨーロッパの雰囲気はやはり好きです。幾層にも時間が積み重なって出来上がった情緒ある街並み、なんとなく落ち着きます。でも、最近は世界的にちょっと情勢が怖い感じなので、特に大都市や人が多いところでは何が起こるか分からないので、少し緊張感があります。なので今回はロンドン滞在はミニマムにして、直ぐにデンマークのコペンハーゲンへ。最近新しくなった「ロンドン・デザインミュージアム」や色んなアートギャラリーや建築物も見て回りたかったのですが、今回は食の旅なので、それは次回に。

コペンハーゲンに行くのは27年ぶり、20歳の頃に「MEN'S NON-NO」の撮影で行った以来です。その時は7月で白夜の時期だったので夜にならなくて不思議な感じでした。太陽が低くなって夕方っぽくなるのですが、その状態がしばらく続いて、また太陽が昇ってくるのです。その季節だけ「チボリ」という遊園地も終夜営業で、なんだか楽しかった記憶があります。

アンデルセン童話、「ヤコブセン」の家具、福祉国家、世界幸福度調査で上位の常連、「ロイヤル・コペンハーゲン」（陶器）や「ジョージ・ジェンセン」（銀食器）、「ＬＥＧＯ」、「バング＆オルフセン」、そして、「ノーマ」。

ロンドンでの用事を済ませ、タクシーでロンドン郊外の「スタンステッド空港」まで行き、搭乗手続きを。

コペンハーゲンまで、２時間のフライト。

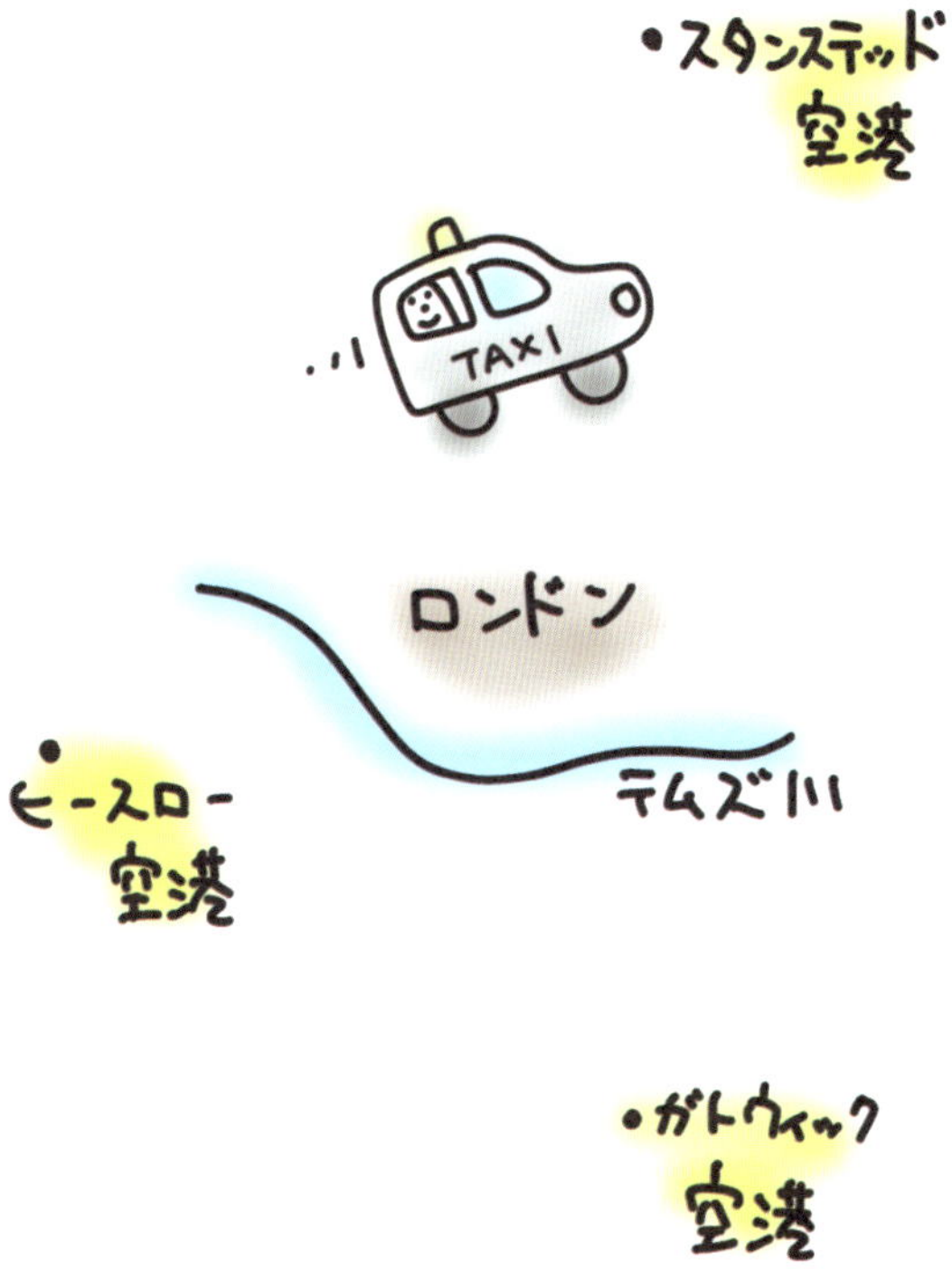
・スタンステッド
空港
TAXI
ロンドン
・ヒースロー
空港
テムズ川
・ガトウィック
空港

デンマーク 編

コペンハーゲン空港に到着。前に来た時は白夜だったので夜でも太陽は地平線の近くにあって、ずっと明るかった。今回は1月なのでその反対で昼間の時間が少ない。17時だけどすっかり夜。気温2度、さすが北欧、やっぱり寒い。その寒さも何だか期待通りで嬉しい。

ヨーロッパには夏に行くことが多いのですが、パリやバルセロナやアテネでも、夏場は21時くらいにやっと日が暮れて夜になるので、小さな子どももそれくらいの時間まで外で遊んでいて何とも不思議な感じ。これらの国で役者をやっていたら、夜のシーンが撮れるのは22時くらいからかあ、大変だなあと思う。日本で良かった。

空港からタクシーでホテルへ。デンマーク・コペンハーゲン空港から市街地まで8キロの距離で、車で20分くらいなので近い(パリやロンドンだと空港から市街地まで1時間かかるので)。

コペンハーゲンの中心地、目抜き通りストロイエの近くのホテルに到着。ここまで車で来る間、ちょっとだけ寂しい感じがした。きっと人が少ないのと、雨が少し降っているのと、そして街に明かりが少ないからだ。寒さなのか建物の色なのか、行ったことは無いけどテレビとかで観る共産国の、ちょっと重厚な、でも寂しい感じなのだ。前に来た時はこんな印象だったかなあ？ 夜だからか？ ホテルの目の前の「コペンハーゲン大学」も重厚すぎるくらいに重厚だ。ここだけ重力が強いのかと感じるほどの重厚感。そのまま中世の世界に迷い込んだかのような、今にも中から騎士が出てきそうな雰囲気。

ホテルの部屋に荷物を置き、近くのスーパーがオープンしている間に水やお酒を買うために外に出た。ホテルから２００メートルくらい歩くとコペンハーゲンのメインストリートのストロイエ。お店が両サイドにずらーっと並んでいるはず。そこに行って人がいる気配を確かめたい。で、お店は夜でほとんど閉まっていましたが、人はそれなりに歩いていて、ネオンも少しあったりして、ちょっと安心しました。それで安心するなんて、どれだけ物質社会にどっぷり浸かっているんだと自分でも思うのですが……。なるべく目的地には昼間の明るい時間に着いた方が良いなあと思いました。人や街など、全体の雰囲気を把握することができて安心するので。

次の日の朝、ホテルのベランダから外を見る。ああ、こういう景色だったのかと思う。美しい、歴史を感じさせる色合いのきれいな街。

「ノーマ」に行くのは翌日のランチ。この一日は歩いてコペンハーゲンを散策する予定。北欧の街並みや運河を見ながら、大都市とはまた違った味わいの、ゆったりとした時間を過ごしたい。

しかしあくまで目的は翌日の「ノーマ」。そこにはベストコンディションで行きたい！ 今日の夜はいっぱい食べずに、明日の朝も食べずに行きたい。しかし前々からあまり食べないと胃袋のキャパが小さくなり、「ノーマ」のコースを食べきれな

くなるんじゃないか、ちょうど良い感じにしなければ。今日の昼と夜に胃に入れた分は「ノーマ」に行くまでにきちんと消化しきっておきたい。がんばれ胃袋。そのための調整に、もう数日前から入っている。しかし平常心も大切だ。過度の期待もいけないし、とにかくフラットな気持ちで「ノーマ」に行きたい。フラット、無理だ。ずっと行きたかったお店なのだ。期待は膨らむ一方だ。

メインストリートを歩く。「ロイヤル・コペンハーゲン」と「ジョージ・ジェンセン」の本店が並んでいた。何かアイドル同士が並んでいるみたいでちょっと嬉しい。お世話になっている方の赤ちゃんがもうすぐ生まれるので、「ジョージ・ジェンセン」でベビー用の銀食器を購入。他にも「バング＆オルフセン」や「ＬＥＧＯ」などデンマーク企業のお店もある。にぎやか。それにしても寒いので、厚手のダウンコートで来ていて正解でした。

デパートや市場などを見て回る。市場は面白い。肉や野菜や魚介類、そこに

住んでいる人の生活を垣間見ることができる。値段などの相場も分かる。やはり北欧、冬ということもあり魚介類が充実していた。市場の中に食事ができるカウンターのお店がいっぱいあった。新鮮な食材が気軽に食べられるのでイイカンジ（ノアポートの市場）。

街中には他のヨーロッパの国ではほとんど見かけないコンビニも多くあった。「セブンイレブン」があちこちにある。やっぱり便利だなあと思ってしまう。

デンマークはＥＵに加盟しているけど通貨はユーロではなくデンマーククローネ。レートの関係なのかちょっと物価が高い。他のヨーロッパ諸国よりも高い感じがした。福祉国家なので税金が高いんだと思う。それでも住んでいる人にとっては医療や学校が無料だったり、老後や福祉が充実しているので素晴らしいと思う。人口５６０万人の国だけど、世界の幸福度調査でも常にトップクラスで、人々も政治も色々頑張って、人生の彩りを楽しんでいる印象。

自転車に乗っている人がすごく多くてエコな感じ。運河がある街は坂道も少ないので、自転車に向いている。子どもを乗せた自転車が多くて、子どもも育てやすい環境なんだろうな、と思った。自転車もデザインがかわいい。

お店を見ても内装や家具が北欧デザインで、シンプルで暖かみがあってかわいい感じだ。西洋人は日本人から見ると主張が強くていかにもマッチョな大陸の狩猟民族だなあと思うことが多いけど、デンマークの人たちは何か物腰が柔らかくて、日本人の気質に近いものを感じた。だから日本でも優しい感じの北欧デザインは人気があるんだろうなあと思う。

デンマークはアンデルセン童話の生まれた土地でもあります。『人魚姫』、『みにくいアヒルの子』、『赤いくつ』、『雪の女王』、『マッチ売りの少女』、『裸の王様』などなど。あ、昨日の夜にこの街で感じた寂しさはマッチ売りの少女の切ないイメージだったのか、と思ったり思わなかったり。

コペンハーゲン駅前に「アンデルセン」と

いうパン屋さんがありますが、実はそれは日本のパン屋さんのデンマーク支店だそうで、現地の人にも人気です。「チボリ公園」は冬場なので休園期間でした。前に来た時は白夜で24時間営業で真夜中にジェットコースターに乗りました。

運河の街ニューハウンを散策。小さな運河があって、その両サイドに色とりどりのお店がいっぱい、まさにアンデルセンの童話の世界に迷い込んだ気分になります。

前回来た時は夏で、運河沿いに人があふれてみんなそこで食事やお酒を楽しんでいました。今は冬で寒いのですがさすがに人は少なかったです。ホテルから「ノーマ」まで2㎞、歩いて30分ですが、この運河

の先の橋を渡ったところに「ノーマ」が。もう少し歩くと着くけれど、お店の外観や近隣の雰囲気も含め、明日のお楽しみのためにとっておこう。

翌朝、ホテルの近くの「Democratic Coffee」というお店でコーヒーを買う。日本人っぽい店員さんだなと思ったけど確信は無いので英語で注文。今回、コペンハーゲンで日本人はほとんど見かけていない。すると「日本語で大丈夫ですよ〜」との声。やはり日本人だった。清潔感と暖かみがあっておしゃれなお店。異国で家族でこういうカフェを経営するのもいいな〜としばし空想。

今日のランチはいいいよ「ノーマ」。

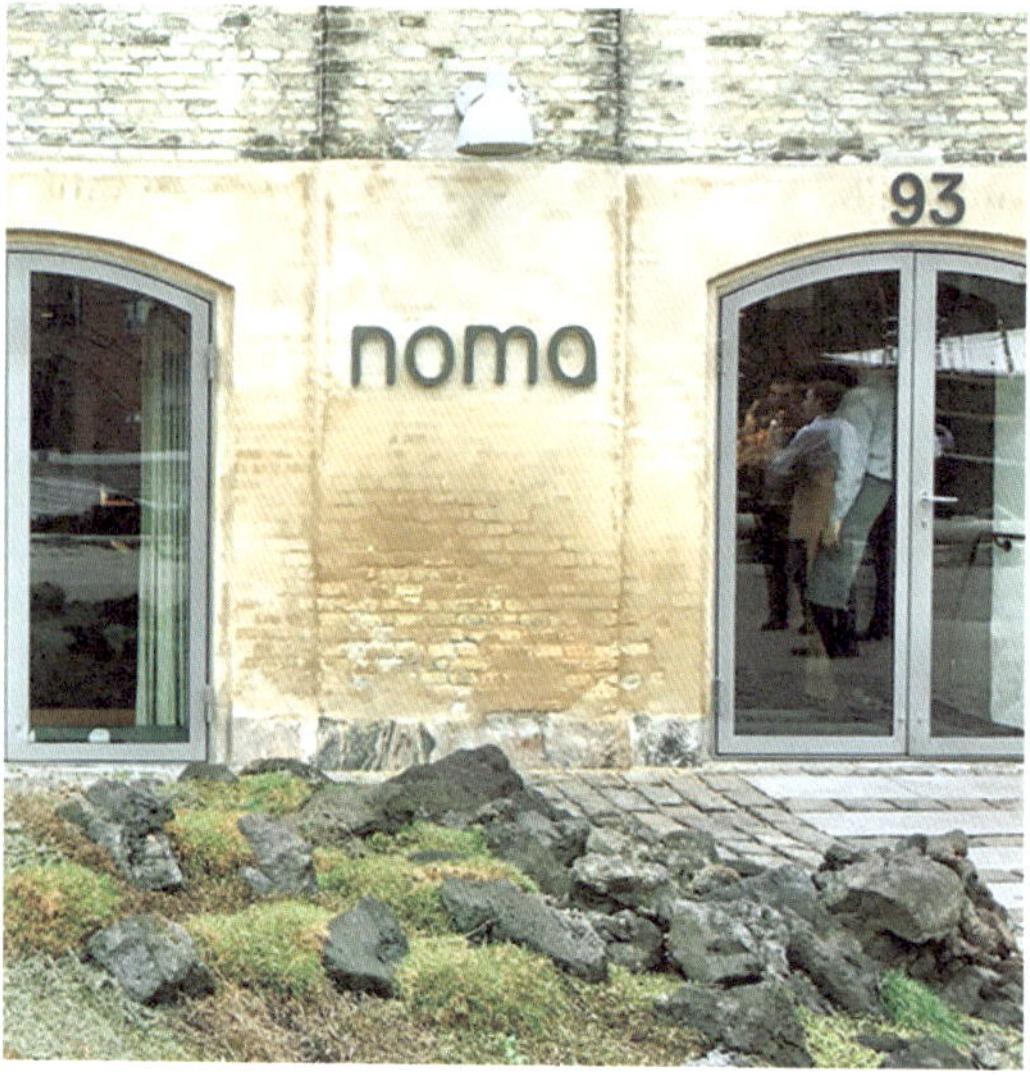

いざ「ノーマ」へ 編

「ノーマ」、行ってきました！
素晴らしい時間でした。
思い出しただけでもうっとりします。
うん、確かに世界一でした。

1月下旬のランチ。
冬場の北欧なので魚介類が中心のコースメニュー。デンマークの地元のものを使い、シンプルで、奇をてらってないけど、創作性あふれる料理。一皿一皿が見た目にも美しくて楽しくてずっと見ていたい感じで、口に入れた瞬間に顔がほころんでしまいます。ありがとう、地球！　という感じです（ちょっと大げさですが）。

「ノーマ」というと蟻を使った料理が話題になるのですが、日照時間の少ない北欧では、オレンジやレモンなどの柑橘類も育たないので、酸味を摂るために昔から蟻を食べる習慣があるそうです。そういった地域性や伝統も大切にしているそうです。今回も出てきましたが、ほどよい酸味でなかなか美味しかったです。夏は野菜中心、秋はジビエなどのお肉中心、冬は新鮮な魚介類中心、季節ごとに素材を変え、その季節に一番美味しいものを出しているそうです。周りのテーブルを見ると、ランチなので服装もカジュアルな感じ、近くに住んでいたら3ヶ月に一度は来たい感じです。

お料理が出てくるタイミングも早すぎず遅すぎず、本当に絶妙なタイミングで、あっという間の2時間半でした。僕たちのテーブルは日本人の女性が担当してくれて、料理の説明もすべて日本語で聞けたので良かったです。お話を聞くと1年半前に「ノーマ」に来たとのこと。あらゆる判断が的確で、素晴らしいなあと思いました。スタッフみんなが楽しそうで、活気があります。

日本人シェフの高橋さんも料理をテーブルに運んでくださって色々と説明してくれました。彼は2011年にお客さんとして「ノーマ」に来てその味に感動し、シェフのレネさんに直談判して無給で働き始めたらしいです。英語も話せないところから頑張って、わずか5年でスーシェフに。すごい！　今や「ノーマ」の中心スタッフとしてメニュー開発も行っているようです。

200ユーロで20品くらいのコース、2万5千円なので高いと言えば高いのですが、体験としてそれ以上の価値があると思いました。ワインも、こういう所に来るとどうしようか迷うんですが、ソムリエさんに聞いてあまり高いものを勧められても困るし、でもあまり安いワインだとせっかくのお料理なのでもったいないし、何が合うか知識も無いし、と思ってしまうんですが、最近はどこのお店もワイン・ペアリングというメニューがあるので、それでお願いすることに。1万円くらいで各お料理に合うワインを持ってきてくれます。コース全体で15杯くらい持ってきてくれて、それはもう考え抜かれていて、お料理にもばっちり合うし良い感じです。

味はもちろん、ホスピタリティ、創作性、発想、支え合って協力して楽しく働いているスタッフの姿、全ては創設者でありシェフのレネさんの人間性や創作にかける純粋な熱意なんだと思いました。

お料理の説明はもう、言葉では言い表せないので、写真をいくつか。

Warm broth of cloudberries
(クラウドベリーの温かいスープ)

この葉枝で茶道のようにスープをかき混ぜると、ふわっと木の香りが目の前に広がります。

A winter platter
(冬のひと皿)

グリーンの葉の所に、小さなアリがついていて、酸味を効かせています。

Cooked oyster and broccoli stems
（牡蠣とブロッコリーの茎）

ずっと見ていたくなる美しさ。
牡蛎の柔らかさとブロッコリーの茎のしゃきしゃき感が口の中で共演します。

Sea urchin and cabbage
（ウニのキャベツ巻き）

海の幸と山の幸のハーモニー。
ふんわり甘くて幸せ。

Crispy cabbage and beach herbs
(クリスピーキャベツとビーチハーブ)

カリカリ食感がたまりません。

Butternut squash and barley
（冬カボチャと大麦）

かわいい見た目に優しい舌触り。

Steamed king crab and egg yolk sauce
（蒸しエビのほぐし、卵の黄身ソース）

うーん、言葉が出ない、まさに口福。

Charred greens with a scallop paste
（黒く焦がした野菜、ホタテペースト）

ひとつひとつ、大地の味がします。

Roasted bone marrow
(牛の骨髄、ロースト)

骨髄は初めて食べましたが、味にクセも無く、
芳ばしい香りと柔らかな食感がとても美味しかったです。そして栄養満点。

Moss cooked in white chocolate
(コケに見立てたホワイトチョコレート)

デザートです。繊細で情緒溢れる見事な世界観。
口の中でホワイトチョコがゆっくり溶けます。

感無量です。全てに圧倒され、心が震えました。あっという間の2時間半、まるで映画や舞台を見ているような、いや、映画や舞台の物語の中に入ったかのような夢の時間でした。このまま夜ご飯もここで食べたい、まだ夢の中にいたい、そう思える至福の時間でした。

「ノーマ」は現在の場所での14年間の営業は２０１７年2月末に終了し、春に全スタッフがメキシコへ行って2ヶ月だけ「Noma Mexico」をオープン、その後、２０１８年初頭にコペンハーゲンに新店舗がオープンするらしいので楽しみです。また行きたいっ！

さあ、今度はスペインに向かいます。食の旅はまだまだ続きます。

バルセロナまで3時間のフライト。

スーシェフの高橋惇 一 さん、ノーマのスタッフと記念撮影

バルセロナ 編

コペンハーゲンからバルセロナまで、フランス上空を縦断して3時間のフライト。初めて乗るLCCの「Norwegian Air」、片道75ユーロ（9000円）。機内では無料Wi-Fiがあったので旅の情報収集や日本のニュースを見たりして有益に時間を使えました。

他にヨーロッパでよく使うLCCは「Vueling」、「Easy Jet」、「RyanAir」などなど。大手が就航していない路線なども（日本で言うと、秋田↓出雲みたいな）LCCは細かく網羅しているので便利。

いつも「Sky scanner」のページに出発地を入れて、右の「地図」をクリックすると直行便がある空港が出てくるので、それを元になるべく乗り換えが少ない旅程を組み立てます。どうやっても乗り換えが上手くいかない時は（ホテルの空きも含めて）、「ああ、流れ的に今回行くべき場所はここじゃないんだなあ、効率で行き先を選んでないか？」と自問自答してプランを見直します。自然にピタッとくるプランが見えてくるまで。

● https://www.skyscanner.jp

午後3時、バルセロナ・エルプラット空港到着。気温15度、北欧から来たのでかなり暖かい。

自分的には7回目のスペインで5回目のバルセロナ。スペインは気候も良いし（夏場は内陸部で50度を超えるけど）食事も美味しいし、物価は安いし、面白い芸術家も多い。ダリ、ピカソ、ミロ、そしてガウディ。みんな常識とはかけ離れた作風。

そしてそして、世界中で一番好きな建築物がガウディ設計の「サグラダファミリア」です。

大好きでずーっと見ていられます。1989年に初めて来た時はまだまだ完成は遠そ

うだったけど、いよいよ8年後の2026年には完成予定で（着工は1882年、もう130年くらい作っています）、以前は内部は倉庫みたいに殺風景だったけど、3年前に来た時には内部はほぼ完成していました。

内部の世界観も素晴らしい。まるで海の中に、森の中に、空の上にいるかのような、降り注ぐ色とりどりのステンドグラスの光。シンプルで暖かみのある内装です。

さすがはデザイン先進都市バルセロナ。建設中に亡くなられたガウディの設計図は現在は残っていなくて、お弟子さんたちが想像しながら建設を続けていますが（主任彫刻家は日本人）、この内部に関してはガウディの想像以上の出来上がりなんじゃないかと思います。全体の完成が楽しみなのですが、いつまでも作り続けてニョキニョキ育つ姿を見ていたいような気もします。完成するのが嬉しいような寂しいような、なんだか子どもの成長を見守る親心みたいな感じです。

近くのカフェに座って「サグラダファミリア」をずーっと見ているのが至福の時間。来るたびに天高く伸びていく様子は成長する生き物みたいで、とても体温を感じる建築。

バルセロナでのお勧め飲食店はボケリア市場の中の「El Quim」。新鮮な魚介類をカウンターで気軽に食べられます。午後は人がいっぱいで座れなくなるので、お昼前に行くのがお勧め。昼間からビールやワインや発泡ワインを少し飲んで、日常ではなかなか味わえない旅気分を。

● http://elquimdelaboqueria.com/gallery/our-food/?lang=en#prettyPhoto

スペインではパエリアも欠かせません

「El Quim」の新鮮なホタテとムール貝をなすに乗せたお料理。

（本当はバルセロナ地方の食べ物ではありませんが、無性に食べたくなります）。いまだに「この店！」という店は見つけられていませんが、これはもう海側にロケーションが良いお店がいっぱいあるので、そのあたりでさくっと食べれば間違いありません。

タパスだとカサパトリョ近くの「Vinitus」もお勧め。魚介類も充実、イカスミ系も。フルーツがたっぷり入ったスペイン名物のワイン・サングリアと共に。

街角の立ち飲みバルなど、どこのお店に入っても美味しいですが、ベストレストラン50にランクインしているお店、ミシュランの星付きレストランもいっぱいあります。

建築が好きならばガウディの一連の作品巡り、あとミースの「バルセロナパビリオン」など（かなりあっさりしているので、ミースがすごく好きな方ならば）。「ミロ美術館」や「ピカソ美術館」、バルセロナから電車で1時間くらいの街にある「ダリ美術館」もかなり面白いです。

サッカーが好きならばやはりＦＣバルセロナのホームゲームも。10万人収容のスタジアム、圧巻です（２０１７年～２０２１年は改修工事予定。見学ツアーや博物館はオープンしているようです。要確認です）。

バルセロナ以外のスペインのお勧め都市は、

食ならばサンセバスチャン。

発泡ワインのチャコリを飲みながら立ち飲みバルをはしごしてピンチョス（小皿料理・タパス）三昧。バスク地方は自然も豊かで雨も多く降り、さらに海もあるので、魚介も肉も魚も野菜も美味しい。星付きレストランもいっぱい。

サンセバスチャンに行く玄関口をビルバオ空港にすれば、フランク・ゲイリーが設計した「グッゲンハイム美術館」なども建築好きにはたまらないスポット。ビルバオ空港からサンセバスチャンの街まで車で１時間半。バスが通っていますが、もし空港でレンタカーを借りるならば、「sixt」がサンセバスチャンの街の真ん中に営業所があるので返却しやすいです。

その年の気候にもよりますが6月上旬ならばアンダルシア（南スペイン）のひまわり畑も圧巻です。360度、自分の足元から地平線まで埋め尽くすひまわり。ゴッホがここに来てたらずっとひまわりの絵を描いてると思われます。

アンダルシアまで来たら、コルドバやグラナダ、マラガなども。イスラム教とキリスト教の文化がミックスした景色が圧巻です。マラガはピカソが生まれた場所。

アンダルシア地方のお勧めコースは、マラガから車で1時間くらい走ったエステポナの「Kempinski Hotel」あたりに宿泊、ビーチ沿いに歩いて行ける隣の「Puro bearch」（スペイン各地にある有料プール）でまったりのんびり。目の前にアフリカ大陸が見えます。レンタカーで避暑地のマルベリャ、白い村ミハス、ジブラルタル（イギリス領・要パスポート・車で40分くらい）に行ったり、そのままフェリーでアフリカ大陸側のセウタ（スペイン領・フェリーで1時間）に行ったり。様々な文化が楽しめます。

ジブラルタルのショップやレストランではユーロも使えますが、駐車場の支払いが機械式でジブラルタルポンドしか受け付けなかったので困りました。ジブラルタルに入国するとすぐ目の前に飛行場の滑走路が横たわっていて、飛行機は一日に数便しか無いんですが、飛行機が来ない間に、みんな滑走路を車や歩きで横切ってジブラルタルに入ります。ちょっと面白いです。イギリス領なので街の雰囲気も少し英国調です。たまにスペインと仲が悪くなると（スペインはジブラルタルを還せと言っている、イギリスは還したくないので、たまに政治の空気で仲が悪くなる）国境が閉鎖されたり、出入国に何時間もかかったりするそうなので注意が必要です。

サンティアゴ・デ・コンポステーラという街も面白いです。キリスト教の三大聖地のひとつで（エルサレム、バチカン、ここ）ヨーロッパ版の四国巡礼の最終目的地です。みんなは何ヶ月もかけて、フランス側から歩いてここを目指しますが、僕は飛行機で行きました。歴史があって興味深い街です。田舎なのでのんびりしているのと、巡礼を終えて達成感と開放感を味わっている人たちは清々しそうで、そういった空気が街を包んでいます。ボクは無宗教だしキリスト教は詳しくないけど、そういった空気感に心が洗われる気がします（もし行かれる場合『サン・ジャックへの道』というフランス映画を観ると気分が盛り上がります。様々な事情を抱えた人たちが、何週間も歩いてサンティアゴを目指し、同じ道を行く人々と出会い、ぶつかり、分かり合い、という映画です）。

買い物をする時なのですが、多くのスペインのショップ（飲食店以外）はお昼休み（シエスタ）を長くとります。お昼から夕方くらいまでお店を閉めて、また夕方から数時間お店を開けたり。買い物するぞ！ と意気込んで行っても閉まっていたりするので調べてから行った方がベターです。もともとシエスタという午後休みの文化は、お昼は家族と過ごすために家に戻ってご飯を食べるためらしいです。家族を大切にする、素敵な文化だなあと思います。レストランだとランチは13時から、ディナーは21時からというのが多いみたいです。

スペインの島ならば、フォルメンテーラ島。

地中海はすぐに深くなるので海の水が冷たいですが、ここは遠浅で海の水も温かいです。日本からわざわざ行くのならアジアにもっと良いビーチが沢山ありますが、欧州在住の方のバケーションにはピッタリだと思います。小さい島なので騒がしくなく子どもやお年寄りと行ってものんびりできるかと。島内のホテルは少ないのですが、ラグジュアリーなホテルだと「gecko」、レンタカーを使わないなら歩いて食べに行けるお店が近くにある「hotel tahiti」がお勧めです。

フォルメンテーラ島の青い海

国境の手前。右に曲がるとジブラルタルのマック。
左に曲がるとスペインのマック。

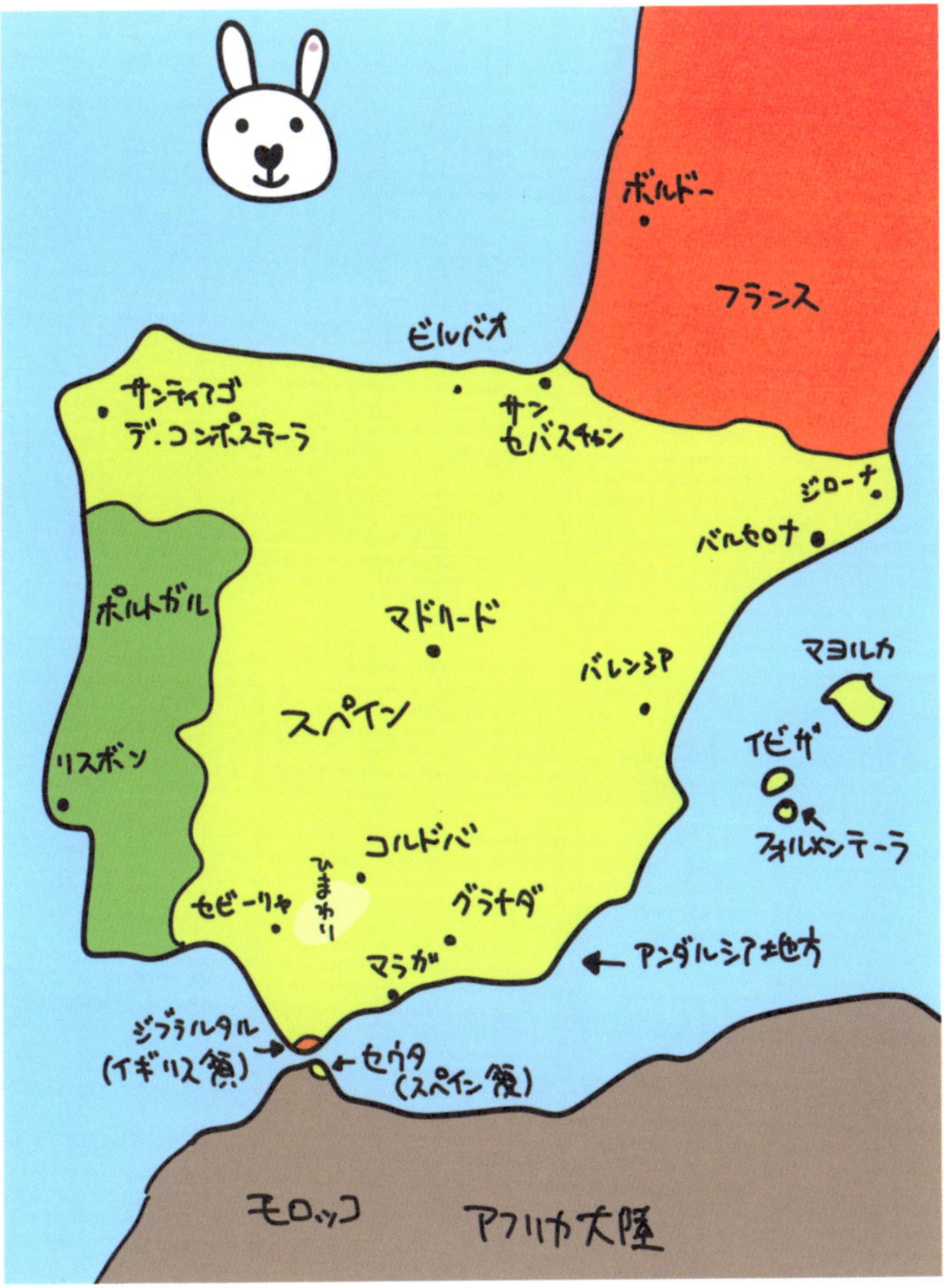
ボルドー
フランス
ビルバオ
サンティアゴ
デ・コンポステーラ
サン
セバスチャン
ジローナ
バルセロナ
ポルトガル
マドリード
バレンシア
マヨルカ
スペイン
イビザ
リスボン
フォルメンテーラ
コルドバ
ひまわり
セビーリャ
グラナダ
マラガ
アンダルシア地方
ジブラルタル
(イギリス領)
セウタ
(スペイン領)
モロッコ
アフリカ大陸

今回のバルセロナのホテルはアパートメントタイプにしたので洗濯機がありました。いつも6日以内の旅では「Tシャツ&パンツ&靴下」を3セット、7日以上の時は6セット持って行って、3日に1回、ホテルの洗面台で石けんで洗っています。でもそのホテルに1泊だけの時は乾かないので、2泊以上するところを狙って着替えのプランニング。洗って、絞って、干す、子どもも一緒の時は子どもの分まで、夏場だと水着もあるし、けっこう力仕事でへとへとになります。

今回の部屋は洗濯機があったのですが、海外の洗濯機は使い方が分からない。洗濯乾燥一体のドラム式なんですが、見たことが無いようなボタンが何十個もついている。以前、一度試しに使ってみた時は、動き始めたのは良いのですが洗っている気配が無く、更にどうやってもフタがロックされたまま開かず四苦八苦しました。

ですが懲りずに今回もチャレンジしてみることに。妻が勘で色んな所を押してみて、これは太陽のマークが付いてるから乾燥か、など色々考えながら洗剤を入れ

泊まった部屋に飾られていた、読めない漢字の額。

てスイッチオン。外に出て食事をして帰ってきたらちゃんと洗えて乾燥されていました。よかったよかった。

スーパーで買ってきたワインを部屋で飲みながらのんびり。8ユーロくらいのボトルでも充分にデイリーワインとして美味しい。スペインではシラーという葡萄のワインがお気に入り。

あとは、海外でも部屋のテレビに日本のテレビ番組を映して観たりしてます。10年前から「slingbox」という機械を使っていて、東京の家にそれを設置してネットとテレビにつなげると、外出先のスマホやタブレットやパソコンで家のテレビ放送がリアルタイムで見られます。レコーダーに録画した番組を見たり録画予約したり。日本国内の外出先でも海外でも視聴できるので便利です。スマホをホテルのテレビにＨＤＭＩケーブルでつなぐと、大画面でまるで日本にいる時みたいにテレビが観られます。ここ3年くらいに発売されたパナソニックやソニーの一部のテレビも、標準装備として外出先でアプリ経由でリアルタイムでテレビ放送が観られるようです。ただこちらは規格上、外部には出力できないのでスマホかタブレット内で視聴するようです。便利な世の中になったなあ。

そんなにしょっちゅう海外には行けないので、2〜3年に一度、子どもの学校が休みで妻と仕事の休みが合う時に、ヨーロッパをＬＣＣやレンタカーや列車で3週間くらい回って、色んなものを見たり経験したり、家族の時間を過ごしています。海外は初めてのことや知らないことばかりなので新鮮で楽しいです。僕も初めて海外に行った時は目から鱗状態だったので、子どもにはなるべく若いうちに海外に行って色んな価値観を吸収して欲しいなあと思います。子どもはもう18歳ですが、いつまで一緒に旅行に行ってくれるのかなあ。

月が出ている。2月だけど暖かい夜。
バルセロナに着いて、とりあえずサングリアも飲んだし、パエリアも食べたし、「サグラダファミリア」も見たし、明日の「カン・ロカ」でのランチに備えて腹6分目で抑えておいたし、よし、準備万端。

いよいよ明日は「カン・ロカ」。
魅せてもらおうじゃないか、２０１５年ベストレストラン１位とやらの実力を。

バルセロナの夜

いざ「カン・ロカ」へ　編

いよいよ待ちに待った「カン・ロカ」に行く日。

朝起きて、とりあえずホテルの近くのお店でフルーツジュースを購入。最近できた「HANSEL（ヘンゼル）」というお店で、毎朝フレッシュなミックスジュースを作って売っていました。パンも美味しそうだけど、ここで食べるわけにはいかない、空腹のまま「カン・ロカ」へ行きたいのです。

朝9時過ぎに部屋を出てバルセロナ・サンツ駅までタクシーで行って、スペインの新幹線「renfe」で「カン・ロカ」がある街・ジローナへ。列車のチケットは片道16ユーロ（2000円）、乗車時間は35分で一駅。車窓から見る景色に少しずつ緑が増え、旅気分が増す。列車の旅もいいものです。

10時20分にジローナ駅到着（このままもうちょっと乗っていればフランス）。

お店の予約は12時半、まだ2時間ある。ちょっと早いけど、もう1本遅い電車は12時半に駅に着くのでこれしかなかった。ジローナの街を散策。こういう機会でも無いとなかなか来ない街なのでショーウィンドウを見たりカフェに入ったり、カフェでもコーヒーだと何だかお腹がふくれてしまう気がしたので、胃をさっぱりさせるために紅茶を注文。

さて、いざ、「カン・ロカ」へ。

ジローナの街の中心部から車で走ること10分、緑の多い住宅街の中に「カン・ロ

カ」が現れました。
　建物横の通路を入ると、とても雰囲気のある中庭が広がっていました。空気が澄んでいて静かで美しくて気持ちの良い空間。中庭の角にあるレストランの扉をゆっくりと開けて中へ。ちょっと緊張。

　ロカ3兄弟が経営するお店。ここジローナが地元で、お母さんは昔からこの街で食堂を経営。今でもロカ兄弟はお昼ご飯はお母さんの食堂（「カン・ロカ」から歩いて直ぐ）に食べに行くという話。この兄弟を育てたお母さんの味、いつかその食堂にも行ってみたい。

　席に着く。

お店の中がよく見える真ん中のテーブル。僕たちのテーブルの給仕についてくれたのはスペイン人の女の子。日本語が少し話せるようだ、ちょっと安心。こういうお店で料理の説明を英語で聞く時は、一応「アハン、アハン」と相づちを打つが、内容の80％は理解できていない。最近はスマホのカメラを文字に向けるとリアルタイムで翻訳してくれるアプリを使っているが、こういうお店では使いにくい。料理の説明を日本語で聞けるのはありがたい。

テイスティングメニューとワインのペアリングを頼み、いよいよお料理が始まる。

食前酒が来て、まずは前菜。

日本、タイ、中国、韓国、ペルーの5ヶ国をイメージした一口サイズの可愛い料理。口に入れる度に確かにその各国の料理の味がして、なんだか旅情を感じます。

そして……美味しい！

お客さんは僕たちだけ。他のゲストは誰もいない。僕たちの予約時間は12時半で、ウェイティングをかけていてお店側から指定された時間。調べてみるとお店は13時からと書いてある。13時過ぎに他のお客さんが続々と来るまでは貸し切り状態で、ちょっと贅沢な気分でした。

13時過ぎ、あっという間に満席、お店が一気に活気を帯びてくる。カップル、家族連れ、友達同士のグループ。ランチなのでみんなカジュアルな服装でにぎやか。

そしてお料理は、

いやあ、素晴らしい！

さすがです！

一皿一皿が魔法のようで、美しく、幸せな気持ちであっという間に時間が経ちました。ペアリングのワインも（途中で日本酒も出てきました）、デザートも美味しく、夢のような時間でした。もう最大級の自分接待です！

長男＝シェフ、次男＝ソムリエ、三男＝デザート担当、さすがに兄弟です、その全ての流れに物語が有り、ぴたっと合っていて感動的でした。

食材に対するリスペクト、ユーモアのある料理の発想、ヨーロッパらしい格調、美しいお皿やカトラリー、お店の内装、おもてなし、すべてが調和して芸術的でした。

これはもう言葉で言い表せないので、いくつか写真を！

Truffled bonbon
（トリュフのボンボン）

素晴らしい香り、そして口に入れると中の液体（たぶん白ワイン）が口の中に広がり
一気ににぎやかになります。

Flower of onion with comte cheese
（花形のタマネギとコンテチーズ）

チーズのスープの上に花が広がっています。
ふんわり華やかな味わい。

Escabeche mussels, octopus and peas on a coral shape spoon
（二枚貝とタコ、豆の欧州風ソース、珊瑚風スプーンで）

口に入れると濃厚な味が広がります。うっとり。

Langoustine with artemisia, vanilla oil and toaster butter
（欧州アカザエビとヨモギ、バニラオイルと焼いたバターで）

アワのなかに包まれたエビ、ぷりぷりで美味しい。

Apple's timbale and foie gras with vanilla oil
(フォアグラ入りリンゴの型焼きグラタン、バニラオイルがけ)

見ているだけで楽しい気分になります。
食べるとさくさくして濃厚な味。

Butter with truffle
（バターのトリュフのせ）

途中で出てきたバターもこだわっています。
さっぱりしたバターとトリュフがマッチしていて、パンにつけていくらでも食べられます。

Charcoal-grilled lamb consommé
（ラムの炭火焼き、コンソメスープ）

じゅわっとラムに染みこんだコンソメが口の中に広がります。

Iberian suckling pig with salad of green papaya, thai grapefruit,
apple, coriander, chilli pepper, lime and cashew nuts
（イベリコ豚に世界各地の味を乗せて）

さすが本場スペインのイベリコ豚。
カリカリの皮に柔らかいお肉、様々な香辛料でにぎやかで奥深い味に。

デザートは、太陽が顔を出していて気持ちの良い中庭でコーヒーを飲みながら。さすが太陽の国スペイン、2月でも日差しが強い。

「エル・セジュール・デ・カン・ロカ」、さすが世界一です。「ノーマ」も世界一と書きましたが、「カン・ロカ」も世界一です。どっちも世界一です！

他にも世界一のお店は世界中にいっぱいあると思うので、チャンスがあればまた行ってみたいと思います。

もう全てに感謝です。

パリで旅の余韻を 編

バルセロナからパリへ、2時間のフライト。

1泊してから日本へ。

パリに来るのは18回目（くらい）。ヨーロッパを旅する時は、インアウトをパリにすることが多いので、やはり多くなる。なんだかんだ言って一番好きな街です。

いつもは旅の始めと終わりに「ノートルダム寺院」に行きます。キリスト教徒じゃないけれど、ヨーロッパの守り神みたいな感じがするので、旅の安全を祈ったり。

パリに到着、ホテルにチェックインして、

ひとまずノートルダムに行って、今回の旅の感謝を。

そしてパリで一番のお気に入り、10年前から通っているサンジェルマン・デ・プレ地区のビストロ「Le Comptoir」のテラス席でワインとエスカルゴ、その他色々注文して、妻とお喋りしながら旅を振り返る。

今回の食の旅、素晴らしい経験でした。

何かに感動して、心が動くというのはとても貴重な体験だと思いました。食が目的の旅というのは生まれて初めてです。いつもは「あそこが見たい、ここに行きたい」(美術館や観光名所や建築物)、「泳ぎたい」などが旅の目的でした。

でも3年前にスペインのサンセバスチャンに行って、「ムガリッツ」というレストランで食べた料理に衝撃を受け、こんなに料理って面白いんだ、自由なんだと思い、それまでガストロノミーの世界には足を踏み入れていなかったのですが、一気に食の世界の奥深さ、創作の面白さにはまりました。

東京では外食はほとんどしません。仕事の時以外で夕食を外で食べるのは年に数えるくらいです。だから東京のお店には全く詳しくありません。家が好きなのでほぼ家です(作る方は大変だと思いますが……)。

旅では100%外食なので、やはり美味しいもの、感動できるものが食べたいですし、その旅行(国)の印象にも影響しますし、ものすごい勢いで調べて行きます。情報源はネットと自分のカンです。あらゆる方面から情報を集めています。

今回はお店の予約が取れて、無料特典航空券の空きがあって、ロンドンで用事もあったし、色々と条件がそろったので行くことができました。何年も前から行きたいお店だったので、本当に夢のような時間でした。

世界の舞台で戦い、技を高めている人たち、その現場の空気を肌で感じ、味わい、体感したいと思っていました。今回の旅で触れた様々なものにインスパイアされ、自分の中に新しい何かが根を張った気がします。

今回の2店、どちらも素晴らしかったです。甲乙はつけられないです、どちらもそれぞれ最高に美味しかった。でもあえて、「この2店のどちらか1店に、もう1度だけ行けるとしたらどっちにする?」と聞かれたら迷わずに「ノーマ」です。自分でも理由は分からないのですがそう答えます。


ベストレストラン50は毎年春に発表されます。こういうランキングが全てではありませんが、ある一つの価値観の元、そこに参加して戦い、自分を高め、技を磨くというのは、そんなに簡単なことではないし、それはそれで素晴らしいことだと思います。審査員の行きやすい場所やコンディションもあると思うので、ベストレストラン上位10位はある意味すべて世界一と言えるのではないでしょうか。そんな気がしました。

旅が好きです。もちろん日常生活が一番大切だと思いますが、旅は普段知らないものを見て、感じ、考え、今までの自分とこれからの自分を見つめるきっかけを与えてくれる気がします。

これからも時間がある時に、旅に出たいと思います。

皆様も良い旅を！

２０１７年冬。

パリ・ビストロのテラス席で、ワインの杯を重ねながら、街ゆく人の姿を見ながら。

第二章

旅の話・ハプニング集

旅にはハプニングがつきものです。いや、ハプニングなんて無いほうがいいんです、何が起きても対応できるように準備はしているつもりなんです。でも、起きるんです。起きる時には起きるんです。

この章では、今まで経験したいくつかのハプニングの中から、5つのエピソードをご紹介したいと思います。

ヨルダン・携帯電話が無くなった事件

2014年7月、家族で中東の国・ヨルダンへ。

「ペトラ」という都市遺跡に行きました。紀元前に栄えた街で世界遺産、ヨルダン観光の最大スポットです（他の観光スポットは塩分濃度が高いのでプカプカと体が浮く死海、泥パックも有名です。それとアラビアのロレンスが住んでいたワディラム砂漠など）。

「ペトラ遺跡」の入り口のビジターセンターで入場券を買い、そこからメインの遺跡「エルハズネ」まで歩いて1時間。真

夏、気温50度近い灼熱と、地面がでこぼこの下り道、さらには馬のフ〇がいっぱい落ちているので〇ンを踏まないように常に注意が必要なのでけっこう疲れます。馬車の人たちが「乗らないか、往復20ＪＤ（ヨルダンディナール）だよ！」と声をかけてくる（1ＪＤ＝約150円）。ゆっくり歩きながら色々見たいので歩くことにする。暑いので水分が必須、家族3人分の水のペットボトルはカバンに入っている。

「ペトラ」は遠くから見ると「グランドキャニオン」のような岩山で、近くでよく見ると岩を掘ってその中に住居や神殿や議会や劇場や学校がある。遠くからは都市があるとは分からないし、見つかっても岩で守られているので攻撃されにくいらしい。映画『インディ・ジョーンズ／最後の聖戦』の舞台にもなっているので、それで一気に観光客が増えたようです。

気温50度、立っているだけで汗が噴き出し、体力がみるみる奪われていく気温です。厳しい大自然の洗礼を受けながら、一歩一歩進みます。歩くごとにいにしえに時間がさかのぼっているような感覚。

そして1時間後、目の前に「エルハズネ」（宝物殿）が現れました。圧巻です。岩の中に掘られた高さ50メートル、幅30メートルの神殿。

しばしその風景を楽しんで、その周囲の遺跡も探索しました。

そして帰り道、今度は延々に上り坂……。灼熱の中を何時間も歩いたのでもう歩きたくない。なので馬車に乗って帰ることにしました。で、こちらの人は商売熱心というか、やたらとふっかけて観光客からお金を取ろうとします。悪い人たちじゃないのですが、トラブルも多く、あまりにしつこいので疲れます。馬車の所に行って代金を聞くと案の定30ＪＤとのこと。ふっかけてきたなあ、往復で20が相場じゃないのか、片道なら10だろう、ここから商談スタートかあ。

日本より物価がだいぶ安いヨルダン。ここに来る前に地元の人しか来ないような商店で５００㎖の水を買いましたが日本円換算で50円くらいでした（観光客向けのお店だと３００円～。ちなみにペトラ遺跡の入場料は外国人は７５００円でヨルダン人は３００円です……）。僕は地元の人が買う水の値段で、その国の生活にかかる費用を予想しています。水の値段からすると物価は日本の３分の１くらいではないでしょうか。なので30ＪＤ（約４５００円）は僕らの感覚だと１万５千円。日本の観光地で、歩いて１時間、馬車で15分の所で馬車に乗るために１万５千円は出さない。５千円でも高いと思う。３千円なら乗ってもいいかと思う。で、ヨルダンは物価が３分の１と考えると千円が適正価格だ。つまり６ＪＤだ、おまけしても10ＪＤが妥当だろう。さすがに30ＪＤは高い、ぼったくりだ。

暑い中、歩く、歩く、歩く。

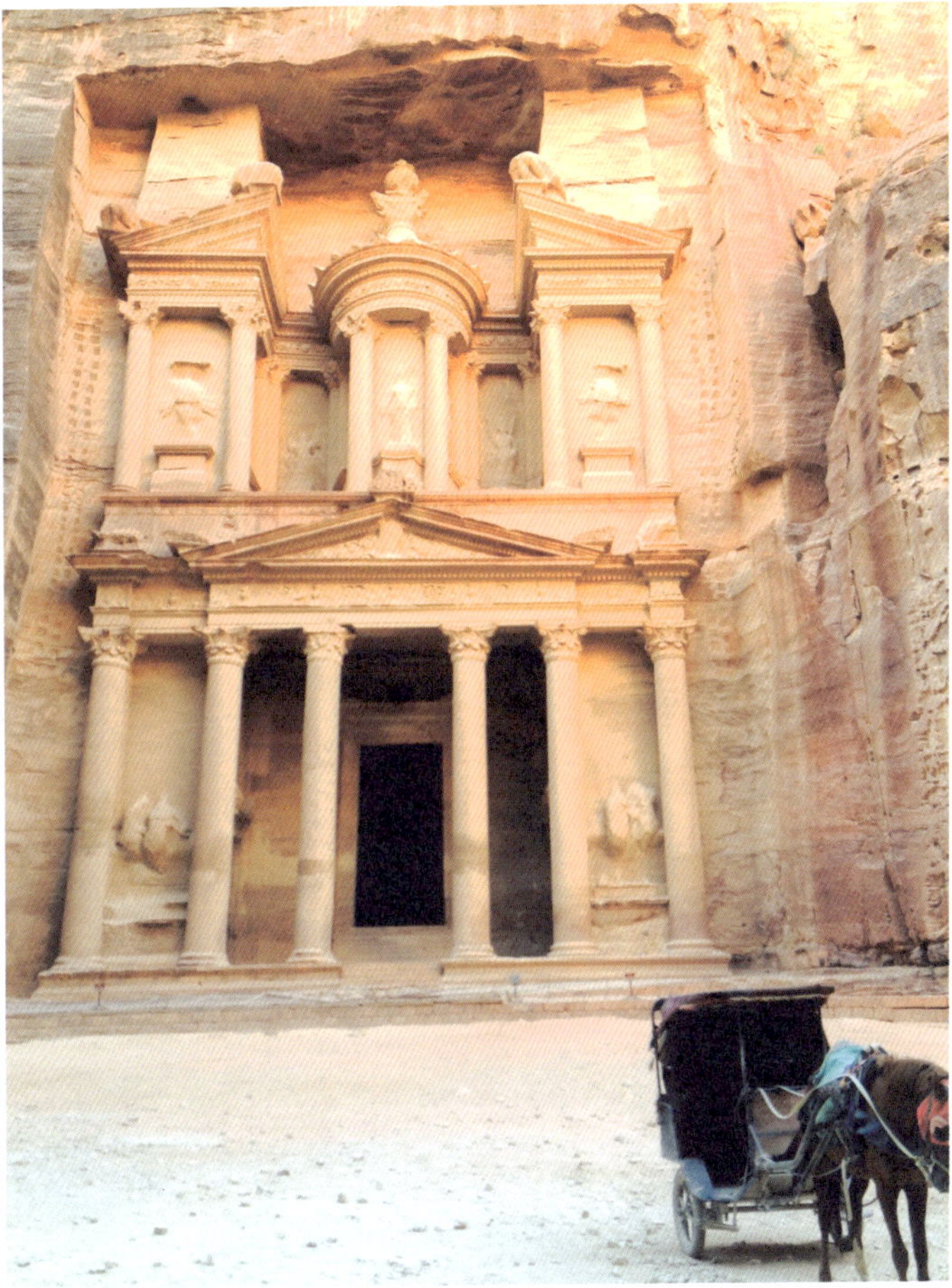

「エルハズネ」(宝物殿) に着いた!

いつも交渉は、向こうが値段を言って、それに対してこちらの希望金額を言って、向こうは渋って、そこから地味な戦いが始まって、最終的に向こうの言い値とこちらの希望額の中間に落ち着くことが多いのですが、余裕がある時はその交渉も少しは楽しめるのですが、今は疲れています。ヨルダンに来てから何回こういう交渉をしたか……。こちらの希望はもうストレートに10と言いました。向こうは渋い顔をして、「じゃあ26」。細かく刻んできたなあ。疲れているので歩くつもりも無いけど、交渉するつもりも無い。じゃあいいや、と言って歩いて帰るふり。もう夜で観光客もあまりいないし、この馬車もどうせ向こうに帰らなきゃいけないんだから、もう少し負けてくれるだろうという作戦。案の定、「分かった、じゃあ20」「ノー、じゃあ歩いて帰る」「15？」「いやいや細かいの10しか持ってないから」「じゃあ10だ、早く乗れ！」ということになってサンキューと言って喜んで乗りました。早くホテルに帰ってビールが飲みたい。

小柄な馬が客車を引いて、客車の前の席におじさん、後ろの席に僕たち家族3人が並んで座り、客車の後ろには、多分おじさんの子どもらしき10歳くらいの少年が立って乗った。走り出した。おお、楽だ。道は石も多くでこぼこで、馬車はサスペンションも無く、かなり揺れたけどすいすい走って行く、さすがは馬だ。馬は偉い。おじさんにニンジン買ってもらえよー。

おじさんと、どこから来たとか、何日ヨルダンにいるとか、おしゃべりしながら馬車は進む。でも途中からあまりにも揺れるので口数が少なくなって、必死に馬車に掴まり、体勢をキープするので精一杯だった。

途中、少年が走っている馬車から飛び降りて後ろの方に行った。しばらくすると戻ってきて馬車に飛び乗った。

この親子はずっとここで暮らしているのだろう、この少年も何年か後に馬車の仕事をするんだろうなあ、なんて何千年もの歴史ある遺跡の中で、そんなことを思った。そうやって続く時間が、歴史になる。

遺跡の入場口であるビジターセンターに到着。馬車を降りてホテルに向かった。ホテルまで歩いて5分。夜だけどまだまだ暑い、ビールを先にするかシャワーを先にするか、いっそのことプロ野球の優勝祝いみたいにビールを頭から浴びたいくらいだ。でもベトベトになりそうなので、やは

りゴクゴク飲みたい。

しかし、ホテルに着く直前、妻が予想外の一言をつぶやいた。

「あれ、ｉＰｈｏｎｅが無い！」

「え？ ちょっと、え？ よく探してみよう」

カバンやポケット、どこにも無いらしい……。いやいや、ちょっと落ち着こう。普段、スーパーで買い物する時に買い物カゴにサイフを入れ、レジでお金を払ってサイフをそのまま買い物袋に入れ、家に帰って買った野菜や肉と一緒にサイフを冷蔵庫に入れてしまう妻だ。今までにも「サイフが無い」と言って大慌てで探したところ、冷蔵庫の中からキンキンに冷えたサイフが出てきたことが何度かあった。落ち着いて考えてみよう。

遺跡では確かにｉＰｈｏｎｅで写真を撮っていた。

よくよく思い出してみると、馬車に乗る時に確かにズボンの前ポケットに入れたとのこと。一緒にポケットに入っていた１００ＪＤ札（約１万５千円）も無いらしい……。

そうか、馬車が相当揺れたので、いつのまにか前ポケットから落ちてしまったんだ！

お金は当然返ってこないとして、ｉＰｈｏｎｅだって売れば３万円ぐらいにはなる。それにあんなに馬が走っている場所だ、踏まれて割れている可能性もある。第一、どこまで探しに行けば良いのだ？ どこで落としたか分からないので、何時間も歩いて探さなければならない。そしてもう夜なので暗い。さらにビジターセンターの入り口はあと10分で閉まる……。

ふと思いついて、妻のｉＰｈｏｎｅに電話をかけてみることにした。

少しのコールの後、誰かが出た。ハロー？

老人らしき人の声がした、老人は片言の英語で、ｉＰｈｏｎｅを持って（というか今話している）ビジターセンターの入り口にいるという。走って行った。

入り口ゲート近くに老人が一人ぽつんと座っていった。

老人はこれだろ、という感じでｉＰｈｏｎｅを掲げた。よかったあああ。ありがとうございますとお礼を言うと、これを拾った人に10ＪＤ謝礼を渡さないといけないからと言う。そうですよね、10ＪＤ（約１５００円）を渡す。良かった良かった。

東京オリンピック招致の時に「日本は地下鉄で忘れ物をしても出てくる」というのがアピールポイントになっていたが、ヨルダンも負けてない。海外では普通は無くなる。足元にカバンを置いていても見ていないと盗まれるのがスタンダードなのだ。メアドや電話番号などの個人情報も入っているが、妻は今回の旅行の写真の大部分をこのｉＰｈｏｎｅで撮っている。あー、無事で良かった。

親切な人がいるものだ、いったい誰が、と考えて……

あ、あの少年だ！ と思った。

そういえば急に馬車を飛び降りて後ろの方に行って、しばらくして戻ってきた。あいつは落ちるのを見てたんだ。一緒に落ちたであろう100JD札はあいつの手に!?きっと100JD（約1万5千円）を手にしたので素直にiPhoneを返してくれたのだ。手間はかかるがそのiPhoneを売って更に3万円くらい儲ける手もある。でもそれはしなかった。そう考えると親切なのだ。自分が返すのも気まずいのでこの老人に託したのだろう。さっき渡した10JDはこの老人のチップになるのだろう。

まあ、ともかく良かった。ラッキーと言えなくもない。悪路で揺れに揺れたとはいえ、落としてしまったのはこちらの責任だ。あの少年がすぐに気付かなければ他の馬に踏まれて粉々になっているか、他の人に持って行かれてる可能性が高い。

でも、拾ったならすぐ渡してくれよなあとも思う。うーん、ちゃっかりしているというか、たくましいというか。どちらにせよ無事に戻ってきたので、あの少年には感謝だ。

ヨルダン・おまけ

「自由の女神」、「エッフェル塔」、「凱旋門」、「ロンドン時計塔」、「真実の口」、「トレビの泉」、「エアーズロック」、「ピラミッド」、「サグラダファミリア」、「モンサンミッシェル」、「パルテノン神殿」、数えれば切りがありませんが、それらは人生上、一度は行ってみる価値があると思います。そして、それらを見た後、それらも含めてどこをお勧めするか聞かれたら僕は「ヨルダン」と答えます。それも死海でプカプカ体験です。なんとも不思議で地球の神秘を感じます。死海は海抜マイナス４００メートル、塩分濃度は30％！ 湖畔にリゾートホテルが沢山あります。湖畔から少し内陸に入りますが「シックスセンシズ」の温泉ホテルもあります。ヨルダンは比較的安全な国ですが、周囲の国は情勢が不安定な時期も多いので、情勢を見つつ安全な時期に安全な旅程で行くと、東洋とも西洋とも違う中東の文化、時間の流れ方を感じることが出来て面白いかと思います。

イスタンブール・タクシー事件

２０１４年８月、東ヨーロッパで10日間ドキュメント番組のロケを行い、その仕事の帰りにイスタンブールに行ってきました。日本に帰る飛行機の乗り換え地のイスタンブールで仕事のクルーと別れ、一人で１泊２日観光することに。初めてのイスタンブール。親日の国トルコの首都、西洋と東洋の混じる街。色々と見て知らない文化を楽しみたい。

イスタンブール・アタテュルク国際空港の入国審査と税関を通って外に出る。前日に「Booking.com」で予約していたホテルへ。

タクシーに乗り、ｉＰａｄで地図を見せて、「このホテルに行きたいです、このブルーモスクの近くの」とピンポイントで指定。いざタクシーは街に向かって走り始めました。中東独特の乾いた空気が心地よく、色とりどりの建物を見ながらトルコの雰囲気を感じつつ。

街の中心部に入ると車も増えて渋滞に、運転手さんはそれを避けるために裏道に入って目的地到着。ん……、ここはホテルじゃないぞ、ブルーモスクじゃないか、今一度ｉＰａｄで現在地を確認。ここじゃなくここ、とｉＰａｄで表示した地図を運転手さんに見せると運転手さんは「ブルーモスクって言ったじゃないか！」と怒り始めた。だからこっちの道を通ったとか、ぶつくさぶつくさ。たしかにブルーモスクの近くのホテルとは言ったけど、こうなるのが嫌だったのでｉＰａｄの地図を見せて、ホテルの位置をピンポイントで説明したのに……。

なんか、その瞬間、自分の中で色んなものが爆発して、

「だから言ったじゃないか、ブルーモスクの近くの、○○ホテルだって！」と自分史上最大、舞台で出すくらいの大声で日本語で怒鳴りました。自分でもびっくりです。生まれてこのかた、こんなに声を上げて怒ったことはありません。きっとその前の10日間のロケの影響もあるんです。行っていた国がどうこうではなく、全般的に外国の人は主張が強い人が多いので、「ま、いっか」と思ってそういうのを受け入れているうちにストレスが溜まっていたのでしょう。中には自分勝手でだらしない人、怠けても失敗しても認めずにすぐに言い訳する人、逆ギレする人もいます。言葉の問題もあって僕も思うように主張や反論ができないし、そういうストレスがずんずん溜まっていたのだと思います。今回も、運転手さんが行き先を間違えた自分を正当化するための言い訳にしか聞

こえず、もう嫌だと思って爆発してしまいました。日本語でとにかく大声でしゃべり続けました。

運転手さんは圧倒されたのか、ぶつぶつ言いながらホテルまで車を走らせました。その道中、僕は深い反省をしました、早くも後悔です。いくらなんでもあんなに声を張り上げて怒るべきじゃなかった。大人としてだめだ。

もし主張や反論が有るならば落ち着いて相手に伝えなければならない。興奮した時点で負けだ。自分の感情を上手くコントロールして、社会的にスマートに生きていくのが特に西洋社会でのルールだ。変わった人になってはいけない、危険人物だと思われてしまうので。いつでも自分は安全な常識を持った社交的な人間ですと温和にアピールしなければならない。なぜなら訳の分からない危ない人物も実際に多いのだ。どんな人か分からない人が、昔から国境を渡って多く入ってくる。それが大陸が繋がっている西洋のルール（たぶん）。

深く反省し、ホテルの前で車を降りる時にはチップを多めに渡して、「さっきは申し訳なかった」と謝った（目的地を誤ったのは向こうだけど……）。

ホテルにチェックイン、最上階のワンルームできれいな部屋だった。1泊1万円。広いべランダも付いていて海も見える、風が気持ちいい。もう夕方なので近くのお店にご飯を食べに行くことに。トルコ、何を食べて良いのか分からなかったので、テラス席のあるトルコ料理っぽいお店に入って、肉の煮込みにサラダが付いているプレートを注文。ビールを飲みながら道行く人を眺める。アジア、西洋、中東、アフリカ、本当に色んな人種が歩いていて、まさに東洋と西洋が交差する街だなあと思った。

10日間の仕事で疲れているので部屋に帰って早めに寝ることにした。明日、市内の観光をして夜の便で日本へ帰る。お風呂に入ったけどシャワーがちょろちょろで勢いが無い、まあ仕方ない。テラスで夜風に当たりながらビールを少し飲んで、22時頃就寝。

ふと目が覚めた。時計を見ると夜中の12時、2時間しか寝ていない。もう一度寝ないと、でもなかなか眠れない。10日以上こっちの時間で過ごしているので時差ぼけは無いはず。うーん、眠れない。こういう時、この時間に起きたことに何か意味があるんじゃないかと考えてしまう。はて？

色々と考えているうちに、頭の中をある不安がよぎった。

「昼間のタクシーの運転手さんが襲撃に来るかもしれない！」

海外は日本と文化が違う。侮辱のポイントというか、人に、特にあんなに大声でアジア人に怒鳴られるのは許されない侮辱的な行為なのかもしれない。よく分からないが、宗教上の何かにも抵触する可能性もある。尊厳、その国ごとに、また人ごとにそのあたりの価値観は違う。このホテルの前でタクシーを降りた。このホテルに泊まっていることは明白だ。フロントで日本人が泊まっていないか凄い迫力で聞けば、「○○号室ですっ」と教えてしまうかもしれない。エレベーターで上がるとみんなが使える共同のテラスがあり、そこから僕の部屋のテラスには簡単に入れる、腰の高さの柵を乗り越えれば良いだけだ。彼はマフィアとつながっているかもしれない。そこまでいかなくても、一緒に賭博をやるような悪い仲間がいてもおかしくない。やばい、非常に怖い。

なので、ホテルを出ることにしました。

ホテルの前の通りはけっこうにぎやかで、両サイドに飲食店がずらっと何十件も並んでいる。ほとんどのお店は外にテーブルやソファが置いてあって、夜中だけど多くの人がいる。ここで朝まで時間をつぶしてからホテルに戻ろう。日本ならば漫画喫茶に行けば良いのだが、そんなものは無い。ファミレスも無い。なるべく長居できそうなお店に入った。iPhoneで調べてみるとこの辺のお店はだいたい朝まで営業しているらしい、助かる。

テラスのソファに座った。とりあえずビールを頼んで、お腹も少しすいていたのでシシカバブも頼んだ。ここにいれば安全だろう。何も考えずにビールを飲みながら通りを歩く人やお店にいる色んな人を観察した。夜中だけど8月なので気温はちょうど良い。

しかし暇だ。Wi-Fiの電波が飛んでいたのでお店の人にパスワードを聞いて接続（自分のWi-Fiルーターも持っていますが、一日300MBの契約なのでパケット節約です）。日本のサイトやイスタンブールの明日行く観光地の情報を収集。それにしても時間が経つのが遅い。ようやく2時、まだ2時、帰るには早い。遅番で2時くらいにタクシーの仕事が終わり、この時間なら絶対に部屋にいるだろうとの目論見で襲撃に来るかもしれない。まだまだだ。

しばらくすると、店員のお兄ちゃんが僕のテーブルに座って良いかと聞いてきた。お客さんが少なくなって暇になったのだろう。こっちも暇だ、いつもなら怪しいと思い断るが、話し相手も欲しい。なによりもずっとこの店で働いているのは見ていたので変なやつではないのだろう。

20代後半だろうか、英語で色々としゃべった。この近くに住んでいて、昔一回結婚したことがあって子どもは妻と暮らしているので会えないと言っていた。年齢を聞かれたので45歳と答えると（海外では若く見られることが多いので大体驚かれる）、向こうは面白くない冗談だと思ったのか、特にリアクションは無かった。

彼のおじいさんは日本人で、空手道場をイスタンブールでやっていて、門下生が何百人もいるという。子どもの頃に厳しくされたので、大人になってからは避けていると言っていた。おじいさんは30ヶ国語喋れるとも言っていた。最初はまじめに聞いていたが、うーん、30ヶ国語のあたりで、なんだか嘘っぽいな～と思った。僕が年齢の話で嘘をついたと思い、礼儀としてそのお返しに嘘の話をしたのだろうか？　でもまあこちらに損があるわけじゃないし、何か人生の切なさみたいなのを背負っている雰囲気だったので、「30、リアリー？」と話を合わせながら聞いていた。こちらとしては何よりも話し相手がいるだけでありがたい。彼は3時頃になると何も言わずに席を立って通りの向こうに歩いて行った。酔っていたのか、去り方が見事なくらいあっさりしてたなあ。彼のビール代は僕が払うのだろうか？

4時、お客さんは僕だけ。さすがにもうやることが無い、座っているのも疲れてきた。もう大丈夫だろう。もう朝だ、4時は立派に朝だ。日本ならば朝のニュースを放送している時間だ、朝のニュースをやっているということは、つまり朝だ。朝に襲撃は無いだろう、そんなの聞いたことが無い。

お会計をしてホテルに戻った。フロントには誰もいない。恐る恐る部屋に入る。変わった様子は……ない、クローゼットにもバスルームにも人は隠れていない。ほっ。どうやら僕の考えすぎだったようだ。

そこから5時間くらい寝て、昼前にホテルをチェックアウトしてフロントでスーツケースを預かってもらって観光に出た。

やれやれ、実際にトラブルがあったわけじゃないけど、とんだ一晩だった。これからはもっと自分をコントロールして気をつけなければ、と思いました。

国によって習慣も違うし、まして宗教が入ってくるとなおさら分からない。

みなさんも、旅に出る際はお気をつけてっ!

サンセバスチャン・そっち行くんかい！ 事件

２０１４年夏、家族でスペインのサンセバスチャンへ行きました。他の章でも書きましたが、世界一の美食の街。小さな街に三つ星レストランがたくさんあるし、何よりも立ち飲みバルが充実している食の街。スペインの小皿料理のタパスをお目当てに、発泡ワインのチャコリやワインで楽しむ。タパスは一皿３ユーロくらいでカウンターに出来上がったものがいっぱい並んでいて、指をさして注文するだけなので気軽に楽しめます。旧市街の細い路地に縦横無尽に１００件以上のバルが密集。小皿料理なのでお腹いっぱいになりすぎずに、色んな種類のタパスを味わえます。各店で２〜３品食べたら次の店にバル・ホッピング。

夕方にホテルを出て旧市街へ向かいました。いつもなのですが、僕と子どもがどんどん歩いて行って、妻が後ろから必死についてくるという感じになってしまいます（妻が僕と子どもの背中を撮った写真がとても多い）。

海外にいるとワクワクして気持ちがはやるんです、遊園地にいる時みたいに足早になってしまうんです、アライグマに「洗うな」と言うのと同じで、気持ちを抑えられないんです。しかし、ここはジェントルマンにならなければ、女性に歩調を合わせなければ。頑張るのですが、僕が身長が１８０センチで妻は１５５センチ、歩幅が違います。大人と子どもくらい違うので、合わせているつもりでもいつのまにかまた早くなってしまったりするんですが、ジェントルマン、気をつけなければいけないところです。

バルがひしめく旧市街に到着。やたらと人が多いと思っていたら夏祭りをやって

前を歩く二人

いました。大きな人形をかぶった巨人たちが何人もいます。よく見ると手に細長い風船を持っていて、近くの子どもをバンバン叩いています。子どもたちは大騒ぎでギャーギャーはしゃいでいます。叩かれないように逃げるかと思えば、スリルを求めてわざと巨人の方に向かっていったり大騒ぎです。小さい赤ちゃんは本気で怖がっています。秋田県のなまはげのようなものでしょうか。きっとバンバン風船で叩くことで病気にならないとか、悪いものをたたき出してお祓いするとか、そういった意味があるんだろうなあと思って見ていました。

　どうやら大人は叩かれず、子どもだけが叩かれるようです。ウチの子どもは叩

かれたくないようで、巨人の動きを先読みしつつ逃げていました。で、妻はどこにいるか見回すと、なんと、巨人に風船でバンバン叩かれているではありませんか！ 本人はキャーキャー言って笑っています。……

「こ、子どもだと思われているっ」

巨人は被りものをしているので外が見えにくいのでしょう、妻はその身長からまさに子どもに間違われているのです。一応、「そっち行くんかいっ！」と心の中で巨人にツッコんどきました。確かに東洋人は幼く見えるけど……その人は40歳を超えてるぞ！ かなり前から大人だぞ！

その後、3人で楽しくバルをホッピング。イワシとかイベリコハムとかタコとかアスパラガスとかあらゆるものが美味しい。5件くらいバルを回って、それぞれが好きなものを注文して食べました。いやあ、満足満足。夏の夜風に当たりながら歩いてホテルに戻ることに。

旧市街を抜けるとそこには何と「マクドナルド」がありました。え〜、マックはマックで良いけど、この美食の街に無くてもいいよねえ、と思っていると子どもが「食べたい、お腹減った！」と。「え〜、そっち行くんかいっ！」とツッコみましたが、そうか、タパスの小皿料理では育ち盛りの子どもには物足りなかったのかもしれない。それぞれが好きなだけ頼んだけど、基本的にはお酒に合う小皿料理なのだ、うーん、ここは大人の街なのかもしれない（昼間はレストランのコースを食べたので子ども的にも満腹だったらしいのですが）。よし、好きなだけハンバーガーを食べていいぞ！　店内に入ると注文は最新のタッチパネル式でした。日本でもファーストフードのお店ではいつもセットや単品で悩むし、さらに早く決めなきゃというプレッシャーも感じつつ注文するので、機械式で自分のペースで商品を選べるのはありがたい。海外だと言葉の問題もあってなおさら注文するのに苦労するので、これなら写真を見ながら冷静に注文できるのでとても助かりました。

タッチパネルで注文して、そのままクレジットカードで精算して、機械から出てきた紙に書いてある番号を持ってレジの前で待っているとすぐに商品が出来上がってきました。子どもはハンバーガーを3つも食べてご満悦でした。

うん、良いよ良いよ、海外では「せっかく美食の街に来たのにファーストフードは無いでしょー」などのように価値観や行動パターンを決めてしまわずに、その時の気分と体調に素直に合わせて、できることをできる時にやった方が良いと思うので。「どうだ、サンセバスチャンのマックは美味しいか？」と子どもに聞くと返ってきた返事は「んー、普通〜」。でもまあ満足そうなので良かった。

世界一の美食の街で「マクドナルド」を食べたことも、きっと良い思い出になるでしょう。

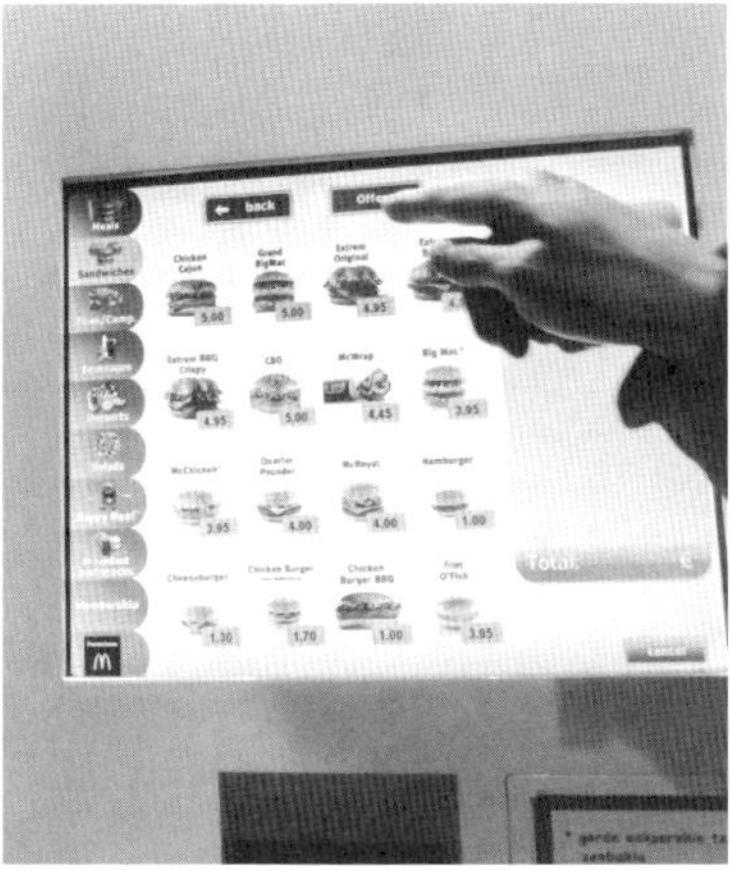

パリ・人生って孤独！ 編

これはトラブルや事件というよりも、自分なりに学んだ出来事です。

2000年秋、長い期間の舞台の仕事を終え、ちょっと休みができたので一人でパリに10日間行きました。この頃は独身で、休みがあるとよく一人で海外に行ったりしていました。今回も、リフレッシュのため、そして色々と見て感じて自分の中の引き出しを増やすために旅に出ました。

パリではのんびり散歩したりお店を見たりカフェに入ったり、街の雰囲気を満喫。しかし、3日目くらいからやることが無くなってしまいました。行きたいブティックも2日もあれば一通り回れてしまいます。パリに来るのは5回目くらいなので、観光する場所も今までに一通り行ってるし……。どうしよう？ 細かい予定は全く立てていませんでした。ううん、予想外の展開です。知り合いもいないので話し相手もいません。何か孤独というか、ちょっと寂しい。31歳、普段日本ではやりたいことがいっぱいあって、仕事の上でも少しずつ認めてもらえるようになって、仕事にしても趣味にしても時間が足りない感じで、立ち止まって何かを考えたり、振り返ったりしたことが無かった気がします。一日が30時間あっても足りない感じで、子どもの頃から好奇心だけで突き進んでいたので、今まで孤独を感じる機会は無かったかもしれません。

２０００年、日本では普通に携帯電話を使っていますが、海外で使える仕様ではありません。一応、仕事や何かあった時の連絡用に成田空港で海外用レンタル携帯電話を借りてきましたが、通話料は１分で５００円くらいするので、気軽に使える感じではありません。スマホも無い時代です。インターネットやメールはありますが、パソコンを持って来ていません。持って来ていたとしても、ホテルにWi-Fiや有線ＬＡＮなどのネット環境がある時代ではなく、どうしてもネットにつなぎたかったら「音響カプラー」という機械を部屋の電話にくっつけて、アナログ回線でネットにつなぐ時代です（つながらないことも多く、つながっても速度は遅くて通話料がものすごく高い……）。

電子メールを一般的に使い始めたのはパソコンが普及し始めた１９９６年頃でしょうか。それ以前に海外留学していた人は、日本との連絡手段はもっぱら手紙で、手紙が来たら大喜びしていたそうです。国際電話は高いし、今と違ってネットもないし、日本の情報も少ないので、そういうのが欲しい時は街の日本センターに行って日本語の本を読んだり掲示板を見たりして日本の文化に触れていたそうです。日本センターもニューヨークやロンドンなどの日本大使館があるような都市にしか無いので、それ以外の地域に留学していた人はもっと大変だったようです。留学で目的があって頑張っていたとはいえ、孤独だったろうなあと思います。

で、今の僕も孤独です。生まれて初めて孤独を感じました。

もう帰りたいなあと思ったけれど、格安航空券だったので日付変更もできず、あと1週間は帰れない。とりあえずここから最終日まで全ての食事は日本食にしよう、せめてそうしようと思い、パリのオペラ座の近くのピラミッド地区に集中している和食屋や弁当屋で弁当を買って食べることにしました。決してホームシックではないのですが（来て3日しか経っていないので）、日本での日常感を自分の中に出すためにそうすることにしました。ピラミッド地区には日本の本屋さんや商店もあるので、そこで日本の雑誌を立ち読みしたり、日本のお菓子を買ったりして。現地の日系新聞を見ると「ポンピドゥーセンター」の隣のアート系の映画館で日本の時代劇が上映されていたので観に行ったり、公園で弁当を食べたり、鳩に餌をやったり、セーヌ川のほとりでぼけーっと船を見ていたり。

恋人の街、ロマンチックなパリだけに、余計一人の孤独感が際立つ気がします。しかし時間が経つのは遅いです。やることがすぐに無くなってしまいます。どこかで時間をつぶして、どこかの和食屋でご飯を食べるくらいです。ずっと歩くのも疲れるしカフェに何時間もいるのも疲れる。ホテルも街外れの１泊５０００円く

らいの所にしたので部屋も狭いしベッドもガタガタで居心地がいいわけじゃないし、お客さんもスタッフもどこの国から来たのかどんな職業か判別しにくい感じの人たちばかりで、雰囲気的にも晴れない感じです。僕は何をしにパリに来たのだろうか？

地下鉄に乗っていると近くに「Motorola」というロゴ入りキャップをかぶっているスーツ姿のおじさんがいました。「Motorola」はアメリカの携帯電話の会社ですが、ファッションとして被る感じのロゴじゃないよなぁ、何よりスーツに野球帽というのがミスマッチな感じだなあと思いました。もちろんファッションとしては何でもありで自由なのですが、すごく変でもないんだけど普通でもないような微妙な感じです。何となく自己防衛本能がはたらき、何かちょっと変な人なのかなあ、気をつけなきゃと思いました。

その時にふと自分の心を見つめました。今の僕はパリで孤独を感じている。誰もしゃべる相手がいない、さらに誰とも目が合わない。人間は誰かと交流して、相手の心に認識されて初めて生きるというか、そこに存在するんだなあと思いました。一人暮らしのお年寄りで、誰ともしゃべらない日があるという話を聞いたことがあります。趣味も無く、何か買い物する時だけ店員さんと少し会話をする。高額な訪問販売だと分かっていても、親身に話し相手になってくれるので、少し高いけどまあいいかと受け入れてしまう。切ないけどその気持ちが分かる気がします。

昨日、スーツを買おうと思ってシャンゼリゼ通りのブティックに行きました。そこそこ高価なスーツを買うので、向こうも当たり前だけど商売なので色々と親切にしてくれました。お金を使うことで関係性が生まれ、自分がその場所に必要な人間として存在する。それが切ないとか良いとか悪いとかではなく、市場経済の中でただ目の前にある当たり前なのだと思う。正直なところ、少しだけ虚しい気がする部分もある。

以前はパリの人はプライドが高くて、こちらが英語で話しかけてもフランス語でしか話してくれない人も多かった。最近ではオープンになって英語で話してくれる人も多い。でもアジア人に対する意識と西洋人に対する意識は、差別とまではいかないけれど、温度差があるのはどの国でも感じることは多い。だからアジア人（バブル期の日本や最近の中国の人）は西洋社会に対して「すごいだろ」と認めてもらいたい、良い扱いを受けたいので高級ブティックでバンバン買い物したりする部分もあるのかなと思う（もちろん純粋に買い物を楽しむ気持ちがほとんどだと思いますが）。実際にパリの世界的ブランドの高級ブティックで、アジア人のお客さんがいっぱい買い物して、店員さんは笑顔で親切丁寧に接客していたけど、そのお客さんが帰った瞬間に店員さんの表情が変わって、隣の同僚に唾を吐くような口調で言葉を吐いていたのを見た時は、ちょっと見てはいけないものを見た気がして虚しさを感じました。人間の一面、側面。

マナーや品も大切なのかもしれません、そのお客さんのマナーがどうだったのか分かりませんが、自分も買い物する時は商品や店員さんに最大限の敬意を持って接しなければとも思いました。間違っても「買ってやっている」という意識じゃなくて「買わせていただいている」という気持ちで。今から自分が買う物に対して、自分にとって本当に必要で身の丈に見合っていて、それが自分の人生や気分を豊かにしてくれる、ありがとう、という気持ちを持って。


で、今は孤独である。誰も僕の存在を意識する気配が無く、誰とも目線が合わない。社会や人との接点が無い。自分がそこにいる実感が感じられない。地下鉄でMotorolaのキャップのおじさんを見て、僕は「変な人かもしれない、気をつけよう」と思った。そうだ、これだ、こういう方法もある。ある意味で極限かもしれない方法だが、俳優として映画監督として自分の体験として検証してみたいと思った。つまりは、相手の心に入るということだ。あのおじさんは、僕が「変な人かも」と思った時点で僕の意識に入ってきたのだ。「変な人かも」という定義でそこに確実に存在し始めたのだ。

よし、実験してみよう。

ちょっと勇気がいるけど、まずは街中で歩きながら歌ってみた。うーん、思ったよりも反応は無い。声が小さくて聞こえなかったのかな？　まあ、鼻歌を歌いながら歩いているゴキゲンな人はたまにいる、鼻歌は変な人の定義では無いのかもしれない。今度は、ブツブツ独り言を言いながら歩いてみることにした。相手には聞こえるけど大声になりすぎないレベルで。すると、おお、すれ違う人が避けるではないか、ちょこっと避ける、確実に変な人じゃないだろうかと思われている。相手の意識に入っている。認識されることで、自分がそこにいるという実感がわいてきた。そう、実感が大切なのだ。ある意味では極限のコミュニケーションかもしれないが、存在、自分はここにいるんだということを意識することができた。

検証終了。あまり長くやっているつもりもないので、カフェに入ってワインを飲みながら検証結果を整理。僕は数日後に日本に帰るし、帰れば友達もいるし仕事仲間もいるし親もいるし仕事もある。今は孤独だけど本当の意味での孤独ではないかもしれない。でもさっきまで感じていた孤独はリアルで、何ヶ月も何年も続いたらと思うと気持ちが押しつぶされそうになる。日本でもたまにブツブツ独り言を言いながら歩いている人がいる、個性を通り越して奇抜なファッションの人がいる、「変な人かなぁ？」と思ってしまうが、それはまだ、その人自身が外に対して発信しているので、こちらの意識に入ってくるし、ぎりぎりかもしれないけどコミュニケーションは成立している。存在をお互いに感じることができる。そういったことを発信できない状態の人は本当に孤独なのかもしれない。もう自分から発信することを諦めた人も多くいる。そういった人には特にこちらから気にかけることが大事だなあと感じた。もちろん実際に変な人もいるので警戒は必要ですが。同じ場所にいる人に挨拶程度でも良いので一言二言話しかけてみたり、話しかけられたらちゃんと答えたり、その帽子面白いですねえ、くらいでも良いので言葉でのコミュニケーションを取ることも大事だなあと思いました。ヨーロッパでも孤独そうなご老人を見かけることがありますが、カフェなどで店員さんと話したりしている姿を見かけます。常連さんなのでしょう。こちらの人は若い人でもお年寄りと対等に話したりします。言語として敬語が無いのが大きいのでしょうか。日本は敬意の表れなのか、年が離れていると感覚的に距離をとったり、何を話して良いか分からない人も多いと思いますが、あまり気を使いすぎずにお互いがフランクに話せるともっと良いなあと思いました。

　この旅では、とても大切なことを学んだ気がします。今まであまり感じたことが無かったのですが、基本、人は孤独なのかもしれません（言葉としては分かっていた部分もあるのですが、実際の状況で経験することで深く実感しました）。だからこそ誰かと一緒にいる、共有することが大切で、とても価値のあることに思えました。テレビドラマの「金八先生」が言っていましたが、「人」という字は、本当にお互いが支え合って「人」なんですね。自分だけじゃない、お互い、存在、コミュニケーション。

２０００年10月、20世紀最後の秋、パリで多くのことを感じ、深く学びました。

ロンドン・マカロン事件

大人になってマカロンの味を知りました。親指と人差し指で円を作ったくらいの直径3センチ程の小さな中に、美味しさがギュッと詰まった魔法のようなお菓子。上下を包む生地は繊細で柔らかく、中のクリームは奥行きのある濃密な甘さ。マカロンといえばフランスの「ラデュレ」が有名です。で、ロンドンにもお店があります。しかし危険です、実に危険なお菓子です。

２０１２年夏、子どもが中学一年の時、家族でロンドンに行きました。子どもにとっては初めてのロンドン、中学生といっても数ヶ月前まで小学生だったので、まだまだ可愛い年齢です。街はロンドンオリンピック一色で世界中から多くの人

が集まってにぎやかでした。僕たちは「オリンピックパーク」を見に行ったり、「大英博物館」に行ったり、市内から電車で30分のウィンブルドンのテニスコートを見学したりしてロンドン観光を楽しみました。

夜、疲れてホテルで休んでいる時に、妻が昼間に買った「ラデュレ」のマカロンを子どもが食べていました。僕もマカロンは知ってはいましたが、40歳過ぎにして初めて食べてみました。「お、これは美味しいね」

何ともヨーロッパぽい上品な味わい、何個でも食べられる感じだ。サクサク繊細に口の中で周りの生地が崩れると同時に、中のクリームの味が口に広がっていく。生地とクリームの味が絡み合い、奥深い甘さの協奏曲が口の中で奏でられる。僕が食べたのはコーヒー味で、あと5個くらい他の味のマカロンがあったのですが、ここはやはり子どもに食べさせることにしました。異なった文化の中で海外疲れしないようにｉＰａｄには日本のアニメが入れてあるので、子どもはそれを見ながらマカロンをパクパク食べています。

調べてみると、ロンドン市内ではデパートの「ハロッズ」の中やピカデリーサーカスの近く、それとコベントガーデンに「ラデュレ」のお店があるようです。ちなみにパリの本店は凱旋門の近くにあり、シャンゼリゼ通りに面してテラス席もあり良い雰囲気です

（翌年に行きました）。「凱旋門」のあたりで疲れて一休みしたい時にはおススメです。コーヒーや紅茶やワインやシャンパンを飲みながら、観光や買い物の疲れを甘いマカロンで癒すのも至福の時間です。ここでは軽い食事もできます。

で、翌日にホテルの近くのコベントガーデンの「ラデュレ」へ。小さなお店がいっぱい集まっているエリアの一角にラデュレがあって、外にはテーブル席がいくつもありました。さっそく外の席に座って、メニューの文字ではよく分からないので、お店の中に入って色んな種類のマカロンを直接見て注文することにしました。カラフルで美味しそうなマカロンがショーケースの中にいっぱいあります。どれも美味しそう。それにしてもマカロンという名前も可愛くて美味しそうで、まさにピッタリのネーミングです。どれにしようか、小さいからいっぱい食べられるぞ、5個はイケるか、と思っていると値札が目に入りました。

「え……、1個400円？ えーーーーーー！」

こんな小さいのにそんなにするの？ お店で食べるからじゃなくて、持ち帰りでもこの値段だ。昨日、子どもはｉＰａｄでアニメを見ながら8個くらいパクパク食べてたぞ、それも画面から目をそらさずに、マカロンの方は見ないで口に放り込んでいたぞ。小さいから食べようと思えば10個以上は食べられる感じだが、値段を見るとそういうモノじゃない。子どもが無意識にパクパク食べるジャンルのお菓子じゃない、そう、これは芸術作品なのだ。マカロンじゃなく、マカロン様だ。ひとつづつ、じっくりと目で楽しんで、ゆっくりと口に入れて、時間をかけて食べて、その味の奥行き、味の向こう側を楽しむ大人のお菓子だ、そりゃ美味しいに決まっている。僕は言いました、

「マカロン、今日2個までな」

子どもにとっては、きっとアイスのピノと同じ感覚だ。もしかしたら冷たい分、ピノの方が美味しいと言うかもしれない。そんなものだ、そうに違いない。子どもにはなるべく本物、質の良いものを知ってほしいが、なるべくお金のことは子どもに言いたくないが、ここは今一度、低めの声で言っておく。

「マカロン、今日2個までな」

値段を聞いてから食べるマカロンは、3割り増しで美味しかったです。

旅の醍醐味　～僕が旅に出る理由～

僕が旅に出る理由、それは広い世界の様々なものを五感で感じたいというのが一番大きな理由です。独身の頃は一人で旅に出ていました。結婚してからは家族と一緒に旅先での感動やハプニングを共有して旅を楽しんでいます。

子どもは中学生くらいになると親よりも友達優先になって、それは自然なことで、少しづつ親を離れていきます。そう考えると親とずっと一緒にいるのは歩き始めて喋り始めてから12歳くらいまでの10年間ちょっとくらいでしょうか。その10年は子どもにとっても様々な体験を通して価値観を吸収して成長する時間なので、なるべく国内外の多くの所に行って、様々なものを見て、感じてほしいと思います。その10年は親にとっても子育てを通して様々なことを学んで成長できる貴重な時間です。中学、高校生になると育児としてはもう手間はかかりませんが、まだギリギリ一緒に旅行に行ってくれます。子どもは今18歳ですが（２０１8年早春現在）、いつまで一緒に旅行に行ってくれるやら。

僕たちの親はもう70代後半で、何年かに一度は親子3世代で、体調に無理のないスケジュールで海外に行っています。街だとホテルにいても時間がもったいなくて外を歩き回るので、なるべく暖かい季節にプールやビーチでのんびりできる行き先にしています。みんなで何かを見て、ご飯を食べる、とても貴重で幸せな時間です。

僕自身、海外でのどんな時間が好きなのかを考えてみると、うん、カフェのテラス席でのんびりしている時が最も幸せを感じます。何気ない時間ですが、妻や家族とおしゃべりしたり、コーヒーを飲みながら風景を眺めて季節を感じたり、街ゆく人を見たり。

この仕事をする前、18歳までは周りのことは気にせずに、お店でも電車の中でも好きなことを喋っていましたが、この仕事をしている以上、なかなかそれは難しくなってきます。お店で隣の席が近く、こちらの会話の内容が聞こえたりする場合は、ある種の意識を持たなければなりません。実際にそういう場所で話したことが広まったり、ネットに出ていたりということが重なり、やはり家から一歩出たら責任を持った発言をしなければ、と心がけるようになりました。逆に言えば、こちらのことを知ってもらえている、興味を持ってもらえているという幸せな状況でもあります。あまり堅苦しく考えたくないのですが、実際に自分の仕事や周囲の人に影響が出るので、責任を持たなければならないところです。しかし、仕事上の責任は大きくなっていきますが、中身は18歳の時と変わっていません。何よりも、普通に生活している人を演じるのが役者なので、普通の生活を心がけ、普通の価値観や感覚、時間を大切にしたいと思っています。

僕の出演作品のいくつかは海外にも出ていて、たまに外国の方にも声をかけられますが、それは少数で、海外ではほとんど知られていないので、油断しきった素の自分でいることができます。18歳でモデルになり人前に出る仕事を始め、23歳でテレビや映画の仕事を始めましたが、海外ではそれ以前の、高校時代にボート部でジャージ姿で電車に乗っていた頃の無防備な自分になることができます。それは役者としても人としても、自分の中で忘れずにいたい感覚でもあります。仕事の面で自分がやりたいことをやらせてもらっている幸せと同時に、そういった時間も大切にしたいと思います。どちらか一方ではなく、両方でジブンなんだ、という感じがします。

カフェのテラス席でのんびりとしている何気ない時間、いい意味で「普通」と形容できる大切な時間。季節や街や人を感じ、それらを通して自分を見つめることができる、これが僕にとっての旅の醍醐味です。

第三章

旅のレシピ　～小技集～

色々と旅をしていて、ああいう物があれば便利だなあと思った物や、旅で気をつけていること、などなどを書きたいと思います。

旅のご参考になればっ。

荷物編

▼スーツケースのシール

スーツケースには大きなシールを両サイドに貼るとグッドです。空港で荷物をピックアップする時に間違えたり間違われたりすることが意外と多いです。

回転台から荷物を取る時は、

フライト疲れたなあ、
ちゃんと荷物が出てくるかなあ、
早く出てこないかなあ、
見逃さないようにしないと、
そういえばお腹減ったなあ、
あ、やっと出てきた、

あれが自分のだ！
人をかき分けかき分け、
よいしょっと、んぐっ、重いっ
よ〜し早く目的地に（家に）行こう！

という感じなので、注意しているつもりでも間違えが多いのです。自分は間違えないと思っていても、他の人が間違えたりすることも。取っ手につけるネームタグだと意外と意識に入りにくいので、一目見て認識できるように大きめのステッカーを貼るのをお勧めします。ネットで個人がデザインしたオリジナルステッカーを多く売っているので、お店で普通に売っていない、あまり見かけない絵柄のステッカーがお勧めです。

▼ガムテープ少々

ガムテープを5センチくらいの長さに折ってぐるぐる適度に巻いて持って行っていま

す。持参したシャンプーボトルがスクリュー式キャップなら良いですが、ぱかっと上に開くボトルの場合、開かないようにガムテープで留めたり。延長コードをテーブルから落ちないように固定したり、何かと便利です。

▼スリッパとドライヤー

ホテルの部屋にスリッパを置いていない場合が多いです。確率的には有るのは50％くらいの印象です。お風呂上がりに今日一日履いていた靴を履くのは何とも避けたいところです。それが革靴ならなおさら。わざわざ靴下も履かなくてはなりません。なので、旅行用のコンパクトに折りたためるスリッパのご持参をお勧めします。

ドライヤーは微妙なところです。有ると言えば有ります。そこそこのお値段のホテルには大体有りますが、1万円以下のホテルで考えると、僕の経験上ヨーロッパでは約70％くらいの確率で有ります、アメリカだと60％くらいの印象です。なので髪の長い人は旅行用のコンパクトで海外の電圧対応のドライヤーを持って行っても良いかもしれません、特に冬場は髪が濡れたままだと寒いので（まあ、無くてもフロントに言えば貸してくれるとは思います）。

▼ゲーム

これは「持って行かない物」です。子どもと一緒に旅行をする場合なのですが、小学生～中学生くらいだと「PSP」や「NINTENDO DS」など携帯ゲーム機を持って行きたがります。確かに空港で3時間待つなど、暇な時間がちょこちょこ有ります。慣れない海外で疲れやストレスが溜まる場合もあるので、ちょっと息抜きといきたいところですが、心を鬼にして持って行かせないようにしましょう。せっかくの海外旅行、画面を見てゲームに熱中するなんてもったいないです。画面の外にはいつもと違う景色が広がっているのに、画面を見てゲームをしている分には、日本も海外も変わりません。暇をもてあます場面で、親としてもゲームで時間をつぶしてくれるとありがたい場面もあるのですが、風景や周りの人などを見て、色々と考えたり感じたりしたほうが価値があるように思います。退屈しても人間は何かを考え続けるので、最初は退屈でも色んな思考が出てきたり、発見したり。この本の最初に書いたように、移動遊園地でもずっと見ていると自分の中に色んな考えが浮かんだりします。

最近はスマホもあるので、ちょっと暇になると大人も何かと画面を見てしまうのですが、なるべくスマホは調べものなど最小限にして、せっかく目の前にあるリアルを楽しみたいと思っています。

▼スマホ

海外では、自分の携帯番号にかかってきた電話に出ると着信料がかかります。これを節約するワザをご紹介します（以降、データ通信が定額やホテルのWi-Fiなどで安心して使えることを前提として）。

まず「SMARTalk」などのＩＰ電話のアプリで０５０で始まる日本の電話番号を取得（基本料無料）。次にいつも使っている電話番号からその０５０番号への転送設定をする（カケホーダイプランなら日本国内通話なので転送しても通話料無料）。

これでいつもの電話番号にかかってきてもＩＰ電話アプリに転送されるので、着信料無料で電話に出ることができます。

自分のいつもの電話番号を通知して相手の電話番号にかける場合は、通常のかけ方だと１分１７０円くらいしますが、「ＬＩＮＥ電話」を使えば通話料は日本の携帯宛で１分14円、固定電話宛で同３円と格安です（いつもの番号を通知して発信するために、最初に一度だけいつもの番号宛のショートメールの受信が必要です）。

以上は自分の携帯番号にかかって来た時＆誰かの携帯番号にかける場合です。「ＬＩＮＥ」アプリ同士や「FaceTime」などの通話ならばデータ通信ができる状態なら通話料無料です。

▼留守番電話

前の項目で書いた「SMARTalk」は無料で留守電機能が使えます。いつもの番号にかかってきた電話は０５０番号に転送して（普段設定している留守電につながる前に転送できるように、転送時間の設定は０～１秒くらいが良いかと思います。帰国後は転送解除）、電話に出られなければ相手は留守電にメッセージを残し、そのメッセージは音声データとしてメールで送られてきます。ですので、データ通信ができる環境なら通話料無料で留守電が聞けます。

前記のような転送設定にしていない場合、いつもの自分の電話番号にかかってきた留守電を聞く時は、普通に聞くと海外からでは１分１７０円くらいの通話料がかかります。そういう場合は、データ通信ができる状態で「ＬＩＮＥ電話」や「Ｓｋｙｐｅ」でキャリア（docomo、au、SoftBankなど）の０３から始まる留守電サービス番号に電話して、音声案内に従って自分の電話番号、暗証番号を入れると1分3円くらいの通話料で留守電を聞くことができます。

同じように、留守電の設定や解除、転送電話の設定も海外で行うと通話料が高いので、「ＬＩＮＥ電話」や「Ｓｋｙｐｅ」で各キャリアの設定用電話番号にかけると、安い通話料で各種の設定ができます。

▼タブレット

現地での情報収集や乗り物やホテルの予約用。レンタカー運転時のＧＰＳナビとして使えるのでｉＰａｄならWi-FiモデルではなくＧＰＳ付きのセルラーモデル推奨。

▼Wi-Fiルーター（SIM FREE のもの）

各人でデータ通信料を払わなくても、これ1台に家族のスマホやタブレットをつなげてデータ通信をするとお得です。別行動する時は2台以上必要です。リゾート地ならばホテルにいる時間が長いですが、街だとホテルには寝るために帰るだけなので最低でも12時間は駆動するもの。

ルーターの中は現地のＳＩＭを入れると格安でデータ通信ができます。今は世界各国で4G/LTEが普及しているので、ストレス無い速度でネットが使えます。

世界40ヶ国以上で定額データ通信が使えるイギリスの「Three」やタイの「ＡＩＳ」のＳＩＭは安いのでお勧めです（3ギガ90日２５００円など。「amazone」でたくさん売っています）。「GlocalMe」というWi-Fiルーターも内蔵ＳＩＭで世界１００ヶ国以上で安いデータプランが使えるので便利です。
●https://www.glocalme.com/

▼カメラ

接写（食べ物）ができて、広角（風景や建物）も撮れて、駆動時間も長くて、画質も良いと最高です。夏場で泳ぐなら防水。４Ｋムービー機能も欲しいところです。

▼国際免許

1年更新なので毎年取得。右側通行に注意、特に日本にはあまり無いサークル型交差点は要注意です。

▼レンタカー

海外のレンタカー屋さんは早い時間に閉まってしまうお店も多く、イギリスではほとんどのお店が土曜日はお昼までの営業、日曜日はお休みです。土日に返却する場合は、ドロップボックスを設置している営業所をホームページで調べると良いかと思います。借りる所と返す所は別でいいので、返却する営業所にドロップボックスがあれば、営業時間外でも指定の駐車場に車を停めて、ドロップボックスという箱に鍵を入れればＯＫです。ロンドンの「ＡＶＩＳレンタカー社」の場合、市内の5ヶ所くらいにドロップボックス付きの営業所があります。空港の営業所は土日も休み無く24時間の所が多いです。

最近の車はシフトレバーもサイドブレーキもどこにあるのか分からない最新型も多いので注意が必要です。また海外のレンタカーの95％はマニュアル車です。

同じ国内なら借りる営業所と返す営業所が違っても料金はほとんど変わりませんが、近距離でも返す国が変わると一気に値段が上がるので、その辺りも含めて空港のチョイス、電車やバスやタクシーなどの他の交通手段の選択もプランニングしたほうがグッドです。

▼海外のＡＴＭで引き出しができるキャッシュカード

両替商で換えるよりもレートが良いし、現金を多く持って行かなくて良いので。

▼電源の変換プラグ

1つで良いかと思います。その国に合った変換プラグ1つで、あとは日本の4口くらいの延長タップを持って行けば、日本のコンセントのカタチのまま複数の電化製品を使えるので。電圧が海外対応して

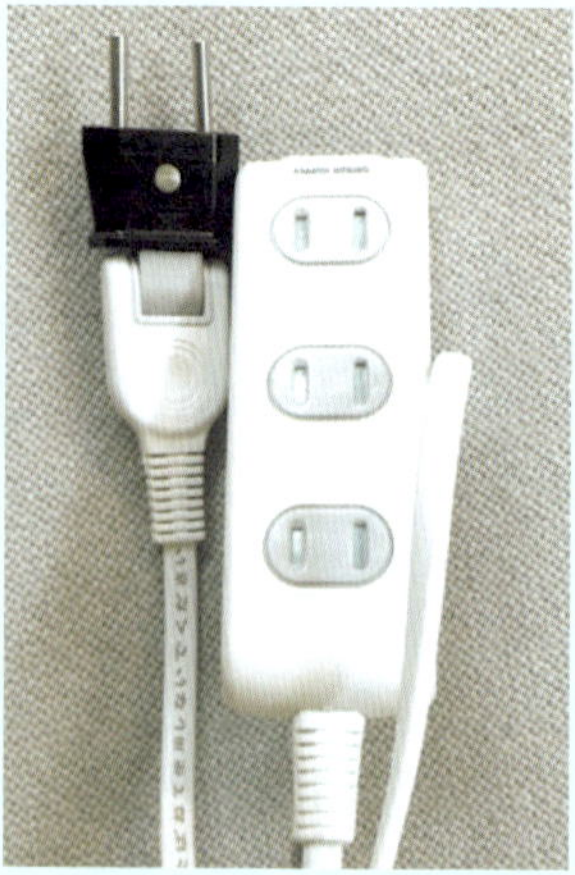

いるかは確認が必要です（最近の電化製品は海外対応の物が多いですが）。部屋の電源とは別に、洗面所でドライヤーやシェーバーを使う場合、洗面所用にもうひとつ変換プラグがあってもいいかもです。

▼キンドルなど電子書籍末端

分厚い本を何冊も持って行くのは大変だし、旅行先で新しい本も端末内で買えるので。

▼デジカメ写真をタブレットに入れられるSDカードリーダ。

やはり大きい画面で写真を見ると良いです。いざという時の写真データのバックアップにもなります。

▼お菓子やお茶

いつもお茶の2リットルペットボトルを持って行きます。落ち着きます。

もしくは、冷たい水で作れる粉末のお茶を持って行って、向こうで買った水のペットボトルに入れてお茶にすれば大きなペットボトルを持って行くより荷物が軽くなって良いです。現地でお茶を作る時に買う水ですが、ヨーロッパは硬水が多いので、ちょっと味が硬くなってしまいます。ですので、なるべくなら日本の水のように軟水の水を買えるとベターです。

夜に部屋でお腹が減った時のために、1つずつパックされたドーナツやワッフルも持って行きます（海外では夜に営業しているコンビニや商店が少ないので）。お菓子も色々。フライトの数だけ、飛行機内で食べるグミを持って行ったりしています。やはり馴染みのものがあると落ち着きます。

▼日本食

1週間以上海外に滞在する時は現地で5日に1回くらい日本食を食べることにしています。というか食べたくなります。外国の食事は美味しいとはいえ、やはりパワフルというか、ずっと続くと気分的にも胃袋的にも疲れてしまいます。日本食は馴染みがあるという理由もあるんですが、さっぱりとして胃に優しいです。だからヘルシーフードとして海外でも人気があるのかなと思います。特に子どもは環境に影響を受けやすいので、たまに寿司やうどん、そば、カツ丼、ラーメンなどを食べるとテンションも上がって、いつもの感じを取り戻せる気がします。パリでは「BENTO」という言葉も通じるくらいに日本風の弁当が人気ですし（ヘルシーで、ちょっとずつ色んなものが入っているので）、和食屋も多いので助かります。和食屋さんは、みんな頑張っていますが、やはり日本人がやっている所が美味しいです。日本の食べ物が現地でどういう進化を遂げているのか、日本人も納得させつつ、現地の人の舌にも合う、というローカライズを見るのも楽しいです。

あと和食屋さんには日本の新聞が置いてあるので読んだり（今はネットでリアルタイムに日本のニュースを知ることができるので、主にローカルな記事などを読みます）。それと現地の日本人向けのコミュニティ新聞なども置いてあるので、これを読むのが好きです。求人情報やアパート情報、趣味の集まり情報などなど。「ああ、この街に住むとしたら、この仕事をして、ここに住んで、ここで髪を切ろう」なんて空想するのに役立ちます。

▼洋服に関して

海外では気候が読めないですよね、現地の気温情報をネットで調べてもピンとこなかったり、昼夜で温度差があったり。まぁ暑いのは脱げばいいので、夏場の冷房効きすぎ対策や、夜に雨が降って予想以上に冷える対策としては、コンパクトに収納できる薄手のダウンジャケットやダウンベストがあると何かと便利です。特にアウトドアブランドは保温機能も優れていて軽量のものを出しているので、なかなか便利です。

マナーの面では、レストランやホテル用にジャケットと革靴は持っていくようにしています。革靴はフォーマルっぽく見えるけど、底がラバーの物を選んでいます。革底に比べて長時間歩きやすいですし、またヨーロッパには石畳が多いので、革底だとすべったり足裏に道路の凸凹がダイレクトにくるので。

そして、ファッションそのものですが、特に気をつけていることがあります、それは、ミリタリー調のファッションを避けるということです。そんなに危険な情勢の国には行きませんが、過去や現在のその国の状況や歴史は、なかなか見えにくいデリケートな部分もあります。なので、ミリタリーベースの服はあえて選ばないようにしています。MA-1などのフライトジャケットやポケットがいっぱいついたカーゴパンツ、肩にストラップがあるジャケットやコート、ごつい編み上げブーツ、ベレー帽、迷彩柄、などは避けるようにしています。考えすぎかもしれませんが、現代でも過激な思想の人がそういう由来のファッションを好んだり、そういう印象を持たれてしまう可能性があるので念のため気をつけています。

文化編

文化というとちょっと大げさなのですが、やはり日本とは習慣が違うことがあります。海外でビックリしたのは、人前で男性も女性も堂々と鼻をかんでいる人がいるということです。カフェなどでも見かけます。気を遣っている感じではなく、堂々と思いきりかんでいます（全ての国ではないですが、ヨーロッパではけっこう多く見かけます）。これは日本人の感覚としては無いので不思議でした。僕は未だに人前で思いきり鼻をかんだりはできません。

子どもの頭を撫でるのも、特にアジアでは宗教的にタブーなことが多いようです。「よしよし」としたくなってしまう場面もありますが、あえてしない方が良いでしょう。

指でやる「2」の表現も気をつけています。いわゆるVサインです。お店に入る時に「何名ですか？」と聞かれたりすると「Ｔｗｏ」と言いながら指でVを出しそうになるんですが、人に聞いた話によると、国によっては性的にお下品な意味のポーズになる場合があるらしく、それを聞いて以来、「2」を表現する時は親指と人差し指をL字にして、手の甲側を相手に見せる形にしています。

ＴＷＯで思い出しましたが、Thank youの発音のＴｈが難しいので、ここは「サンキュー」ではなく「テンキュー」にすると意外と伝わりやすいです。Threeも「スリー」ではなく「トゥリー」。ひらがなと同じでアルファベットもやはり文字なので、「Ｔ」の場合は「ティー」を意識すると良いらしいです。他にも「Ｐ」から始まる言葉なら「ピー」と単独で発音する時と同じくらいの破裂音を意識すると伝わりやすいようです。言葉をしゃべるという意識よりも、相手に伝えるという気持ちが強いと伝わりやすいような気がします。タバコを買われる方はいくら良い発音で「マルボロ」と言ってもサッパリ通じないので、普通に「麻婆（まーぼー）」というとすぐに通じるようです。

カバンの置き方なのですが、西洋は家の中でも靴を履いていたりするので、地面とテーブルの上などは明確に扱いが分かれているようです。例えばカバンは地面に置くこともあるので、食事などをする清潔な場所であるテーブル上には置かない、椅子の上は置いても大丈夫（お尻は地面に座ることもあるので、そっちに近い扱いのようです）、などなど。

ハンドバッグやクラッチバッグなどの地面に置かないカバンはホテルの自室や自宅では机の上に置いても個人的には問題ないかと思います。

エレベーターで人に会った時の挨拶も大切だと思います。これはイスタンブールの章でも書いたのですが、自分は安全な人物だという自然なアピールが大事なようです。相手が何を考えているか分からないと人は不安になるので、挨拶程度でもコミュニケーションをとったほうが良いみたいです。大陸続きの国は戦争で国境が変わったり、多くの人が常に移動しているので、どんな人が周りにいるか分かりません。ですので、自分はちゃんとしてま～す、というさりげないアピールは常に必要なようです。

バルセロナの章にも書きましたが、スペインやイタリアの多くのお店（飲食店以外のブティックなど）ではシエスタがあるので、お昼から夕方までお休みの所が多いです。

サンセバスチャンのレストランやバルは日曜の夜から月曜、または火曜までお休みのお店が多いです。

キリスト教では日曜日は休息日なので、西洋では日曜日がお休みのお店も多いです（最近は都市部では営業しているお店も多いですが）。

ここだけは行きたいというお目当てのお店は、営業時間などを調べてから行った方がグッドです。予期せぬ工事やストライキもありますが……。まあ、予定通りにいかないことも旅の醍醐味として楽しみたいと思っています。

交通編

最近はタクシー配車アプリの「Ｕｂｅｒ」をたまに使っています。安いです。アプリで事前に目的地を入れてから車を呼ぶので運転手さんに目的地を説明しなくて良い、アプリ内で支払うので目的地に着いた時はお金を払わないで降りるだけ。すぐにメールで走ったコースと領収書が送られてくるので便利です。

でも国によっては営業しているけど法律的な扱いが明確になっていない国もあるので事前に確認が必要です。高速道路の運転（やはり熟練のプロではないので）、郊外での女性一人での乗車は少しだけ気をつけた方が良いです。

例えばパリでお店からお店に移動する場合（地下鉄で2〜3駅）。
「Ｕｂｅｒ」だと7ユーロくらい。
タクシーは楽だけど10〜15ユーロ。

都市型レンタル自転車は1回1ユーロくらいで安いのですが、使用登録と支払い、自転車ステーションを見つける、返却ステーションを見つけるという作業が少し大変で、なによりも慣れないと無茶な運転をしている車も多いので危ない。雨の時も困る。

地下鉄は2ユーロくらいだけど、3人だと6ユーロ。駅まで歩いて、電車に乗って、電車も混んでたりして、乗り換えで10分くらい歩く駅もあるし、駅についてから目的地までまた歩くので大変。

なので「Uber」が使える国ではたまに使っています。以前にオーストラリア

の田舎の駅に着いて、ホテルまでタクシーで行こうと思っていたら一台もいなくて、すごく大変だった経験があるのですが、今は配車アプリで車を呼べるので便利です。

例えばロンドンではものすごい難しい試験をパスして「ロンドンタクシー」の運転手さんになっているので、敬意を払ってタクシーに乗ることも有りますが、値段が「Ｕｂｅｒ」の倍近くになったりするので、現実的には考えてしまうところです。現状に不満があるから新しいものが風穴を開けるし、でも既存のものも大切だし、悩むところです。

観光編

▼バルセロナ

夏場に「サグラダファミリア」に行く場合は、入場券とエレベーターのチケットは事前にホームページで購入した方が良いです（時間を指定して購入）。当日だと暑い中に1時間くらい並びます。早朝ならば人が少ないので大丈夫かもしれませんが。

市内のガウディ建築である「カサバトリョ」や「カサミラ」、郊外の「グエル公園」も春〜秋は混雑するので予約した方がナイスです。一人の建築家の作品に魅せられ、世界中の多くの人が見に訪れるのは、凄いことだなあと思います。

２０１７年秋、ガウディが初めて作った家「カサ・ビセンス」の一般公開が始まりました。見てみたい！

1991年、22歳の頃。「サグラダファミリア」はこの後どんどん建設が進んでいきます。
（P58の写真が最近の姿）

▼パリ

「エッフェル塔」のエレベーターのチケットを買うのに30分以上は並びます（夏場のオンシーズンなら数時間……）。なのでホームページから日時を指定してチケットを予約した方がベターです。個人での手配に自信が無い場合、現地のツアーに参加する手も。ホテルのフロントで聞いたり、ガイドブックに日本語ＯＫのツアーも載っているのでそちらも。

「ベルサイユ宮殿」、「ルーブル美術館」もチケットを買うのに並びます。「ベルサイユ宮殿」は夏場だと1時間以上は並ぶので、事前にパリ市内でパリ・ミュージアムチケットを買っておいた方が良いです。「ルーブル美術館」や「オルセー美術館」や「ベルサイユ宮殿」、他の多くの美術館や施設に入れてお値段的にもお得です。パリに着いたら、このチケットで入れる市内の美術館の中で、なるべく人が少なそうな美術館のチケット売り場、もしくは市内各所の観光案内所などで購入するのがグッドです。

ベルサイユ宮殿。壁から天井まですばらしい装飾です。

それでは皆様、良い旅を！

旅先での感動（あとがきの前に）

今までの旅で、2度ほど感動して涙が溢れた経験があります。

一度目は生まれて初めて行った海外、スペインで19歳の時。レストランの入り口にあった絵を見ていた時です。高原にある一本の木のたもとで佇む男の絵。その絵をずっと見ていると何故か涙が流れました。そこにレストランのスタッフが通りかかり「無名の作家の絵だよ、そんなに価値がある物じゃ無い」と言いました。でも、僕の心を深く打ちました。僕にはとても価値がありました。レストランに入ったすぐの所に飾られているので、無名の作家かもしれませんが、ここのオーナーも思い入れがあるのかなと思いました。

二度目は、26歳の時に行ったヨルダンでした。首都のアカバに着き、郊外に向かう車に乗っていたとき、見渡す限りずっと荒野が続いていたのですが、よーく見ると、何も無いと思っていた荒野の景色の中に小さく動く物が見えました。よく見ると羊でした。さらに目を凝らすと多くの羊がいて、羊飼いがいました。それを見ていると涙が何故か溢れてきました。なんとなく、以前に見たことがある気がしました。もしかしたら前世でここにいたのかな、とも思いました。

まだまだ見たい風景、見なければならない風景がある気がします。心をフラットにして、目の前の物を心の目で見て、受け入れて、多くの感動を心に増やしていけたらな、と思います。

ヨルダンの道

あとがき

お読み頂きありがとうございました。
数えてみると、初めて海外に行ってから今までの約30年間で60回ほど海外に行きました。複数回行っている国も多いので訪れた国は延べ30ヶ国くらいです。まだまだ行ってない国も多いですし、行きたい国も多いです。

ドラマなどの撮影で行くこともたまにあり、3年くらい前からは海外ドキュメンタリー番組の仕事もするようになりました。独身の頃は一人で、結婚してからは子どもの学校の休みに合わせて家族で出かけています。子どもは様々なことを自由に柔軟に吸収するので、すごいなあと思います。言葉が通じなくても現地の子どもと遊んでいたりします。

初めての国はワクワクしますし、何回か行ったことがある国でも毎回新鮮な驚きがあります。そこで暮らす人々の日常を感じ、自分がこの国に、この街に生まれていたら、もしくは今からここに住むことになったら、そんな空想をするのが好きです。

旅を重ねていく中で、訪れた国の印象は現地で出会う人で決まるのだと思いました。そこに一つでも温かな心の交流があれば、その国のことが大好きになります。カフェで隣の席の人と交わした一言、そんな短い交流も心に残ります。なので、僕も日本に来てくれる海外からの旅行者の方に親切にしたいなあと思います。

生まれて初めて海外に行った19歳の時のスペインで、多くの新しい価値観が自分の中に入ってきました。10代というまだ自分の価値観が定まっていない柔軟な年齢だったからだと思いますが、何歳になっても、常に新鮮な気持ちで世の中を見て、感じて、受け入れて、常に新しい自分でいたいなと思います。

三度のゴハンより旅が好きです、温泉より海外が好きです、海外で温泉があったらもう最高です。

さあ次は、どこに行こう。

田辺誠一

1969年4月3日。東京生まれ。俳優・映画監督。
18歳の時より「MEN'S NON-NO」のモデルとして活躍。23歳の時に役者デビュー。30歳で初監督をした映画がベルリン国際映画祭フォーラム部門にて正式上映。最近ではイラストも話題となり、LINEスタンプや「かっこいい犬」グッズ販売、紅白歌合戦のテーマシンボル作画なども。俳優としての代表作に「ハッシュ」「ハッピーフライト」など多数。妻と息子1人の3人家族。

新しい旅の日記・旅のレシピはブログで更新予定
本書のご感想もブログのコメント欄でお待ちしています!
ブログ ▶ https://goo.gl/mkLfto

ホームページ ▶ http://tanave.com
ツイッター ▶ http://twitter.com/tanabe1969

欧州旅日記

2018年3月14日　第1刷発行

田辺誠一／著（文、イラスト、写真）

古田雅美（opportune design inc.）／ブックデザイン
松本貴子（産業編集センター）／編集

制作協力／宇野隆史（株式会社enchante）

発行／株式会社産業編集センター
〒112-0011 東京都文京区千石4丁目39番17号
TEL 03-5395-6133
FAX 03-5395-5320

印刷・製本／株式会社シナノパブリッシングプレス

Printed in Japan
ISBN978-4-86311-181-3　C0026